Arti i pjekjes franceze

100 receta dhe teknika për traditën franceze të kuzhinës

Denisa Sefa

Materiali i autorit ©2024

Të gjitha të drejtat e rezervuara

Asnjë pjesë e këtij libri nuk mund të përdoret ose transmetohet në çfarëdo forme apo mjeti pa pëlqimin e duhur me shkrim të botuesit dhe pronarit të së drejtës së autorit, përveç citimeve të shkurtra të përdorura në një përmbledhje. Ky libër nuk duhet të konsiderohet si zëvendësim i këshillave mjekësore, ligjore ose të tjera profesionale.

TABELA E PËRMBAJTJES

TABELA E PËRMBAJTJES..3
PREZANTIMI..8
MËNGJESI...9
1. KREPAT SUZETTE..10
2. VEZË TË DERDHURA/ OEUFS MOLLETS.................................12
3. CRÊPES FOURRÉES ET FLAMBÉES..14
4. VEZË TË GRIRA/OEUFS SUR LE PLAT....................................16
5. OMËLETË ME KËRPUDHA TË GRIRË ME SALCË DJATHI....18
6. OEUFS EN PÖLYE...21
7. VEZË TË PJEKURA NË RAMEKINS/OEUFS EN COCOTTE A LA CRÈME 23
8. CRÊPES ROULÉES ET FARCIES...25
9. GÂTEAU DE CRÊPES A LA FIRENTINE...................................28
10. GÂTEAU DE CRÊPES A LA NORMANDE..............................31
11. CRÊPES DE POMMES DE TERRE / PANCAKES ME PATATE TË GRIRA...33
12. B ANANA CREME CRÊPE S..36
13. KREPI I QERSHISË S..38
14. KUMQUAT-PECAN CRÊPE S..40
15. FRUTA TROPIKALE CRÊPE S...43
16. KREPI I LIMONIT S..45
17. KREPA ME SALCË FRUTASH CHABLIS................................48
18. AMBROSIA CRÊPE S..51
19. KREPAT E MANAFERRAVE ME SALCË PORTOKALLI........53

20. KROASANËT BAZË..55
21. KROASANTË KLASIKË..60
22. KROASANËT E BUKËS ME PUPLA...63
23. KROASANËT E HAMBARËVE...67
24. KROASANTË ME ÇOKOLLATË..70
25. KROASANËT EKLER ME BANANE..73
26. MALTED ME ÇOKOLLATË TË ZEZË PUDING BUKE KRUASANT......75
27. BAJAME ME ÇOKOLLATË CROISSANT ÉCLAIRS..........................77
28. E MBULUAR ME ÇOKOLLATË KROASANTË ME LULESHTRYDHE..80
KURS KRYESOR..82
29. SUPREMES DE VOLAILLE A BLANC..83
30. RIZOTO...86
31. HARICOTS VERTS AU MAÎTRE D'HÔTEL....................................88
32. TERRINE DE PORC, VEAU, ET JAMBON.....................................90
33. ÉPINARDS AU JUS; ÉPINARDS A LA CRÈME..............................94
34. CAROTTES ÉTUVÉES AU BEURRE / KARROTA TË ZIERA NË GJALPË 97
35. CHAMPIGNONS FARCIS / KËRPUDHA TË MBUSHURA...............99
36. ESCALOPES DE VEAU SAUTÉES A L'ESTRAGON......................102
37. ESCALOPE DE VEAU GRATINÉES..105
38. FOIES DE VOLAILLE SAUTÉS, MADEIRE..................................108
39. TIMBALE DE FOIES DE VOLAILLE / MYKU I MËLÇISË SË PULËS..111
40. CANARD A L'ORANGE / ROAST ROAST ME SALCE PORTOKALLI 114
41. CANARD A LA MONTMORENCY..119
42. HOMARD A L'AMÉRICAINE...122
43. POTEE NORMANDE: POT-AU-FEU..126

44. FILETS DE POISSON EN SOUFFLÉ..................130
45. CASSOULET..................133
46. COULIBIAC DE SAUMON EN CROÛTE..................138
47. VEAU SYLVIE..................143
48. FILETS DE SOLE SYLVESTRE..................147
49. RIZ ETUVÉ AU BEURRE..................151
50. RISOTTO A LA PIÉMONTAISE..................154
51. SAUTÉ DE VEAU (OU DE PORC) AUX CHAMPIGNONS..................156
52. BOUILLABAISSE A LA MARSEILLAISE / PESHKU MESDHETAR...158
53. SALPICÓN DE VOLAILLE..................162
54. POULET GRILLÉ AU NATUREL / PULË E PJEKUR E THJESHTË.....164
55. POULET GRILLÉ A LA DIABLE..................167
56. POIS FRAIS EN BRAISAGE / BIZELE TË ZIERA ME MARULE........169
57. POTAGE CRÈME DE CRESSON / KREM SUPË ME LAKËRISHTË...171
58. NAVARIN PRINTANIER / MERAK ME QENGJ ME KARROTA......174
59. OIE BRAISÉE AUX PRUNEAUX / PATË E PJEKUR ME MBUSHJE ME KUMBULLA TË THATA..................179
60. ROGNONS DE VEAU EN TAVË / VESHKAT NË GJALPË..................183
61. ROGNONS DE VEAU FLAMBÉS / VESHKAT E SKUQURA FLAMBÉ..................186
62. CARBONNADE DE BOEUF A LA PROVENÇALE..................189
63. DAUBE DE BOEUF A LA PROVENÇALE..................192
64. POTAGE PARMENTIER / SUPË ME PRESH OSE QEPË DHE PATATE..................195
65. VELOUTÉ DE VOLAILLE A LA SÉNÉGALAISE..................197
SALATA DHE ANËT..................200

66. SALLATË MIMOZA / SALLATË ME VINEGRETTE, VEZË TË SITUR DHE BARISHTE 201

67. POMMES DE TERRE A L'HUILE / SALLATË FRANCEZE ME PATATE 203

68. SALADE NIÇOISE 205

69. GRATIN DAUPHINOIS / PATATE TË PJEKURA OSE GRATIN 207

70. GRATIN DE POMMES DE TERRE ET SAUCISSON 209

71. PURÉE DE POMMES DE TERRE A L'AIL 211

72. CONCOMBRES PERSILLÉS, OU A LA CRÈME / KASTRAVECAT ME KREM 214

73. NAVETS A LA CHAMPENOISE / TAVË ME RREPË DHE QEPË 216

74. ASPARAGUS 219

75. ARTICHAUTS AU NATUREL / ANGJINARE TË ZIERA TË PLOTA ... 221

76. RATATOUILLE 224

77. MOUSSAKA 227

78. LAITUES BRAISÉES / MARULE E PJEKUR 230

79. CHOUCROUTE BRAISÉE A L'ALSACIENNE / LAKËR TURSHI I ZIER 233

80. CHAMPIGNONS SAUTÉS AU BEURRE / SAUTÉED MUSHROOMS 236

81. SALCË TALLËSE HOLLANDAISE (BÂTARDE) 238

82. CREME ANGLAISE (SALCË KREMI FRANCEZ) 240

83. KËRPUDHA ME KREM 242

84. SALCË MOUSSELINE SABAYON 244

DESSERTS 246

85. PATE FEUILLETÉE / PASTË FRËNGJISHT 247

86. VOL-AU-VENT / PREDHA E MADHE 250

87. KREM CHANTILLY / KREM I RRAHUR LEHTË..........................253

88. CRÈME RENVERSÉE AU CARAMEL / KREM ME KARAMEL TË DERDHUR..255

89. SUFLE FLAMING / CRÈME ANGLAISE..257

90. CHARLOTTE MALAKOFF AU CHOCOLAT................................259

91. POIRES AU GRATIN / DARDHA TË PJEKURA ME VERË.............264

92. TIMBALE AUX ÉPINARDS / MOLDED SPINACH CUSTARD.........266

93. TIMBALE AU JAMBON / KREM ME PROSHUTË TË DERDHUR....269

94. BISKOTË OSE ÇOKOLLATË / SFUNGJER ME ÇOKOLLATË...........272

95. CRÈME AU BEURRE À L'ANGLAISE / KREM ME GJALPË KREMI. 276

96. TARTE AUX POMMES / TARTE ME MOLLË FRANCEZE...............279

97. BISKOTA ROULÉ A L'ORANGE ET AUX AMANDES.....................281

98. FARCE AUX FRAISES CIO-CIO-SAN...285

99. MERINGË ITALIANE..288

100. AU BEURRE À LA MERINGUE / KREM ME GJALPË MERINGE...291

PËRFUNDIM..295

PREZANTIMI

Pjekja franceze është e njohur në mbarë botën për shijet e saj delikate, teknikat e ndërlikuara dhe trashëgiminë e pasur kulturore. Nga brioshët me gjalpë të kafeneve pariziane te makaronat elegante të Ladurée, pastat franceze ngjallin një ndjenjë kënaqësie dhe sofistikimi. Në këtë eksplorim të pjekjes franceze, ne thellojmë historinë, metodat dhe përbërësit që e bëjnë atë një traditë të dashur të kuzhinës. Pavarësisht nëse jeni një bukëpjekës me përvojë ose sapo po filloni, bashkohuni me ne në një udhëtim nëpër botën magjepsëse të ëmbëlsirave franceze

MËNGJESI

1. Krepat Suzette

PËRBËRËSIT:
- 3 gota gjalpë portokalli
- Një pjatë e mprehtë
- 18 krepa të gatuara, me diametër 5 deri në 6 inç
- 2 Tb sheqer të grimcuar
- ⅓ filxhan secila liker portokalli dhe konjak

UDHËZIME:
a) Ngrohni gjalpin e portokallit në një pjatë të grirë derisa të fryjë dhe përzierja të karamelizohet pak - kjo do të zgjasë disa minuta.
b) Lyeni të dy anët e një krep në gjalpë të nxehtë, palosni kripin në gjysmën e anës së tij më të mirë dhe përsëri në gjysmë për të formuar një formë pykë.
c) Vendosini anash enës dhe përsëriteni shpejt me pjesën tjetër të krepave.
d) I spërkasim 2 lugë sheqer sipër krepave dhe i hedhim mbi likeret. Shkundeni tiganin butësisht ndërsa likeret nxehen dhe nëse nuk ndizen automatikisht, ndizni me shkrepse.
e) Lyejeni likerin me lugë mbi krepët derisa flaka të shuhet. Shërbejeni në pjata shumë të nxehta.

2. Vezë të derdhura/ Oeufs Mollets

PËRBËRËSIT:
- 4 vezë
- Kripë
- Piper
- Dolli ose bukë, për servirje

UDHËZIME:
a) Mbushni një tenxhere të mesme me ujë dhe vendoseni të ziejë në zjarr të fortë.

b) Ulini butësisht vezët në ujë të valë duke përdorur një lugë të prerë.

c) Ulni nxehtësinë në mesatare-të ulët dhe lërini vezët të ziejnë saktësisht për 6 minuta për një të verdhë të butë dhe të lëngshme, ose 7 minuta për një të verdhë pak më të fortë.

d) Ndërsa vezët janë duke u gatuar, përgatisni një tas me ujë akull.

e) Pas kohës së dëshiruar të gatimit, kaloni me kujdes vezët nga tenxherja në tasin me ujë të akullt duke përdorur lugën e prerë.

f) Lërini vezët të qëndrojnë në ujin e akullit për rreth 2 minuta që të ftohen dhe të ndalojnë procesin e gatimit.

g) Pasi të ftohen, prekni butësisht vezët në një sipërfaqe të fortë për të çarë lëvozhgat, më pas qëroni lëvozhgat.

h) I spërkasim vezët e qëruara me kripë dhe piper sipas shijes.

i) Shërbejini Oeufs Mollets menjëherë me bukë të thekur ose bukë për zhytje.

3. Crêpes Fourrées Et Flambées

PËRBËRËSIT:
- ½ filxhan bajame të zbardhura të pluhurosura (mund të përdorni një blender elektrik për këtë)
- ¼ luge ekstrakt bajame
- 1 filxhan gjalpë portokalli (receta e mëparshme)
- 18 krepa të gatuara, me diametër 5 deri në 6 inç
- Një pjatë për pjekje e lyer lehtë me gjalpë
- 3 Tb sheqer të grimcuar
- ⅓ filxhan secila liker portokalli dhe konjak të ngrohur në një tenxhere të vogël

UDHËZIME:
a) Rrihni bajamet dhe ekstraktin e bajameve në gjalpin e portokallit.

b) Përhapeni një lugë nga kjo përzierje në të tretën e poshtme të çdo krep, rrotullojeni në cilindra dhe vendoseni në një enë pjekjeje dhe servirjeje të lyer pak me gjalpë.

c) Mbulojeni dhe vendoseni në frigorifer derisa të jeni gati për përdorim. Rreth 15 minuta para se ta servirni, spërkateni me sheqer dhe piqni në të tretën e sipërme të një furre të parangrohur 350-375 gradë derisa sipërfaqja e sheqerit të ketë filluar të karamelizohet pak.

d) Pak para se ta servirni, hidhni likerin e ngrohtë dhe silleni në tavolinë.

e) Ndezni me një shkrepës dhe hidhni me lugë likerin mbi krepët derisa flaka të shuhet.

4. Vezë të grira/Oeufs Sur Le Plat

PËRBËRËSIT:
- ½ lugë gjalpë
- 1 ose 2 vezë
- Kripë dhe piper

UDHËZIME:
a) Zgjidhni një enë të cekët për pjekje dhe servirje të papërshkueshme nga zjarri me diametër rreth 4 inç.

b) Vendoseni enën në nxehtësi të moderuar ose në një tigan me ujë të valë. Shtoni gjalpë; sapo të jetë shkrirë, thyejmë 1 ose 2 vezë.

c) Kur fundi i vezës të jetë mpiksur në enë, hiqeni nga zjarri, anoni enën dhe lyeni sipër vezës me gjalpin në enë.

d) Vendoseni në një fletë pjekjeje dhe një minutë përpara se ta servirni, vendoseni në mënyrë që sipërfaqja e vezës të jetë rreth 1 inç nga elementi i broilerit të nxehtë. Rrëshqitni pjatën jashtë çdo disa sekonda, anoni dhe lyeni pjesën e sipërme të vezës me gjalpë në enë.

e) Në më pak se një minutë, e bardha do të ngjitet dhe e verdha do të filmohet dhe do të shkëlqejë.

f) E heqim nga furra, e rregullojmë me kripë dhe piper dhe e shërbejmë menjëherë.

5. Omëletë me kërpudha të grirë me salcë djathi

PËRBËRËSIT:
- 1 filxhan salcë kremi
- ½ filxhan djathë zviceran i grirë trashë
- ½ paund. kërpudha të prera në feta, të skuqura më parë në gjalpë
- Një tenxhere
- 3 vezë
- Kripë dhe piper
- 1¼ lugë gjalpë
- Një tigan omëletë ose një tigan jo ngjitës me diametër 7 inç në fund
- Një tas përzierjeje dhe një pirun tavoline
- Një pjatë servirje e ngrohtë e papërshkueshme nga zjarri

UDHËZIME:
a) Në salcën e kremit përzieni të gjithë, përveç 2 lugë gjelle djathë të grirë. Vendosni gjysmën e kërpudhave në një tenxhere, përzieni një të tretën e salcës dhe ngrohni pak para se të bëni omëletën tuaj.

b) Kur të jeni gati për të bërë omëletën, rrihni vezët, një majë të madhe kripë dhe një majë piper në një tas me pirun derisa të verdhat dhe të bardhat të përzihen - 20 deri në 30 sekonda. Vendosni një lugë gjalpë në tiganin ose tiganin e omëletës, vendoseni në zjarr të lartë dhe ndërsa gjalpi shkrihet, anoni tiganin në të gjitha drejtimet për të lyer fundin dhe anët. Kur shkuma e gjalpit pothuajse të jetë ulur, derdhni vezët.

c) Lërini vezët të qetësohen për 3 ose 4 sekonda, më pas kapni dorezën e tiganit me dorën e majtë dhe, duke lëvizur tiganin me shpejtësi mbrapa dhe mbrapa mbi nxehtësinë, përzieni vezët me sipërfaqen e pirunit të tavolinës. Kur vezët të jenë mpiksur në një krem shumë të butë, në rreth 8 sekonda, hidhni me lugë kërpudhat me salcë të nxehtë në qendër të omëletës në kënd të drejtë me dorezën e tiganit.

d) Ngrini dorezën për të anuar tiganin larg jush, kthejeni afër fundit të omëletës mbi mbushjen me pirun dhe tundeni tiganin për të rrëshqitur omëletën në buzën e largët të tiganit.

e) Kthejeni tiganin përreth dhe kapeni dorezën me dorën tuaj të djathtë, gishtin e madh sipër. Në dorën e majtë mbani një pjatë të ngrohtë rezistente ndaj zjarrit. Anoni pjatën dhe tiganisni së bashku në një kënd, duke mbështetur buzën e tiganit në pjatë. Kthejeni shpejt enën e omëletës me kokë poshtë mbi pjatë dhe omëleta do të bjerë në vend.

f) Shtroni pjesën tjetër të kërpudhave sipër omëletës, mbulojeni me salcën e mbetur, spërkatni me 2 lugët e rezervuara djathë dhe lyeni me gjalpin e mbetur.

g) Vëreni omëletën nën një brojler të nxehtë për rreth një minutë, në djathë kafe me delikatesë.

h) Shërbejeni menjëherë, shoqëruar me një sallatë jeshile, bukë franceze dhe një verë të bardhë të thatë ose një trëndafil.

6. Oeufs En Pölye

PËRBËRËSIT:
- 2 gota pelte mishi me shije vere
- 4 kallëpe ovale ose të rrumbullakëta, me madhësi $\frac{1}{2}$ filxhan
- 4 vezë të ftohta të ziera
- Sugjerime dekorative:
- Gjethet e freskëta të tarragonit hidhen në ujë të vluar për 30 sekonda
- Rrumbullakët ose ovalet e proshutës së zier
- Fetë tartufi ose foie gras, ose mousse mëlçie 4 Tb

UDHËZIME:
a) Hidhni një shtresë pelte prej $\frac{1}{8}$ inç në çdo kallëp dhe ftohuni derisa të vendoset.
b) Zhytni gjethet e estragonit, tartufin ose proshutën në pelte pothuajse të mpiksur dhe vendosini mbi pelte të ftohur në çdo kallëp; nëse përdorni foie gras ose mousse mëlçie, vendosni një fetë ose lugë sipër.
c) Mbulojeni me një vezë të zier të ftohtë, me anën e saj më tërheqëse poshtë. Mbushni kallëpet me pelte të ftohtë me shurup (nëse pelte është e ngrohtë, do ta hiqni dekorimin); ftoheni për një orë ose më shumë, derisa të vendoset.
d) Zhbllokoni një nga një, duke u zhytur në ujë të nxehtë, duke drejtuar me shpejtësi një thikë rreth skajit të aspikut dhe duke e kthyer kallëpin në një pjatë, duke dhënë një hov të mprehtë poshtë ndërsa e bëni këtë.

7. Vezë të pjekura në Ramekins/Oeufs En Cocotte a La Crème

PËRBËRËSIT:
- ½ lugë gjalpë
- 2 Tb krem i trashë
- 1 ose 2 vezë
- Kripë dhe piper

UDHËZIME:
a) Ngroheni furrën në 375 gradë.

b) Zgjidhni një enë prej porcelani ose qelqi rezistente ndaj zjarrit me diametër 2½ deri në 3 inç dhe rreth 1½ inç të thellë. Vendoseni në një tigan që përmban ¾ inç ujë dhe vendoseni mbi një zjarrfikës; sillni ujin të vlojë.

c) Vendosni të gjitha, përveç një pike gjalpë në ramekin; shtoni një lugë krem dhe thyeni vezën ose vezët. Kur e bardha e vezës të ketë filluar të mpikset në fund të ramekinit, shtoni lugën e mbetur të kremit, erëzat dhe pikën e gjalpit. Vendoseni në një të tretën e poshtme të furrës së parangrohur dhe piqni për 7 deri në 8 minuta. Vezët janë bërë kur sapo kapur, por ende dridhen pak.

d) Nëse dëshironi të prisni pak përpara se ta servirni, hiqeni nga furra kur të jetë pjekur paksa; do të mbarojnë gatimin dhe do të qëndrojnë të ngrohta në ujë për 10 deri në 15 minuta. Spërkateni me kripë dhe piper përpara se ta shërbeni.

8. Crêpes Roulées Et Farcies

PËRBËRËSIT:
MISH I KREM I BUTUAVE
- 2 Tb gjalpë
- Një tigan 8 inç i emaluar ose jo ngjitës
- 3 Tb qepë ose qepë të grirë
- 1½ filxhan mish butaku i gatuar ose i konservuar i prerë në kubikë ose i grirë
- Kripë dhe piper
- ¼ filxhan vermut të bardhë të thatë
- Nje tas

Salca e verës dhe e djathit
- ⅓ filxhan vermut të bardhë të thatë
- 2 Tb niseshte misri të përzier në një tas të vogël me 2 Tb qumësht
- 1½ filxhan krem të rëndë
- ¼ lugë kripë
- Piper i bardhë
- ½ filxhan djathë zviceran i grirë

MONTIMI DHE PJEKJA
- 12 krepa të gatuara, me diametër 6 deri në 7 inç
- ¼ filxhan djathë zviceran i grirë
- 2 Tb gjalpë
- Një enë pjekjeje e lyer pak me gjalpë

UDHËZIME:
a) Ngrohni gjalpin në tigan që të flluskojë, përzieni qepujt ose qepët dhe më pas butakët. Hidheni dhe përzieni në zjarr mesatarisht të lartë për 1 minutë. Spërkateni me kripë dhe piper, më pas shtoni vermutin dhe ziejini shpejt derisa lëngu të ketë avulluar pothuajse tërësisht. Skuqeni në një tas.

b) Shtoni vermutin në tigan dhe ziejini shpejt derisa të zvogëlohet në një lugë gjelle. Hiqeni nga nxehtësia; përzieni përzierjen me niseshte misri, kremin, erëzat. Ziejini për 2 minuta, duke e trazuar, më pas përzieni djathin dhe ziejini edhe një minutë. Erëza e duhur.

c) Përzieni gjysmën e salcës në butak, më pas vendosni një lugë të madhe me përzierjen e butakëve në të tretën e poshtme të çdo krep dhe rrotulloni krepat në forma cilindrike. Vendosini krepat afër njëra-tjetrës në një enë pjekjeje të lyer pak me gjalpë, hidhni me lugë pjesën tjetër të salcës, spërkatni me djathë dhe lyeni me copa gjalpë. Lëreni në frigorifer derisa të jeni gati për pjekje. Pesëmbëdhjetë deri në 20 minuta përpara se ta servirni, vendoseni në të tretën e sipërme të një furre të parangrohur 425 gradë derisa sipërfaqja e nxehtë dhe djathi të jetë skuqur lehtë, ose ngroheni dhe skuqeni nën një brojler të ulët.

9. Gâteau De Crêpes a La Firentine

PËRBËRËSIT:
SALCE KREME ME DJATH, SPINAQ, DHE KËRPUDHA

- 4 Tb gjalpë
- 5 Tb miell
- 2¾ gota qumësht të nxehtë
- ½ lugë kripë
- Piper dhe arrëmyshk
- ¼ filxhan krem i trashë
- 1 filxhan djathë zviceran i grirë trashë
- 1½ filxhan spinaq të gatuar të copëtuar
- 1 filxhan krem djathi ose gjize
- 1 vezë
- 1 filxhan kërpudha të freskëta të prera në kubikë, të skuqura më parë në gjalpë me 2 Tb qepe ose qepë të grirë

MONTIMI DHE PJEKJA
- 24 krepa të gatuara, me diametër 6 deri në 7 inç
- Një enë pjekjeje e lyer pak me gjalpë
- 1 Tb gjalpë

UDHËZIME:

a) Për salcën, shkrini gjalpin, përzieni miellin dhe gatuajeni ngadalë për 2 minuta pa ngjyrosur; hiqeni nga zjarri, rrahim qumështin, kripën, piperin dhe arrëmyshkun sipas shijes. Ziejeni, duke e trazuar, për 1 minutë, pastaj rrihni kremin dhe të gjithë, përveç 2 lugëve të djathit zviceran; ziejini për një moment, më pas korrigjoni erëzat.

b) Përzieni disa lugë salcë në spinaq dhe korrigjoni me kujdes erëzat. Rrihni kremin e djathit ose gjizën me vezën, kërpudhat dhe disa lugë salcë për të bërë një pastë të trashë; erëza e duhur.

c) Ngroheni furrën në 375 gradë.
d) Vendosni një krep në fund të një ene pjekjeje të lyer pak me gjalpë, lyeni me spinaq, mbulojeni me një krep, lyeni me një shtresë nga përzierja e djathit dhe kërpudhave dhe vazhdoni në këtë mënyrë me pjesën tjetër të krepave dhe 2 mbushjet. duke i dhënë fund tumës me një krep.
e) Hidhni salcën e mbetur të djathit mbi tumë, spërkatni me 2 lugët e mbetura djathë zviceran të grirë dhe lyeni me një lugë gjelle gjalpë.
f) Lëreni në frigorifer deri në 30 deri në 40 minuta përpara se ta shërbeni, më pas vendoseni në një të tretën e sipërme të furrës së parangrohur derisa sipërfaqja e nxehtë dhe djathi të jetë skuqur lehtë.

10. Gâteau De Crêpes a La Normande

PËRBËRËSIT:
- 4 deri në 5 gota mollë të prera në feta (rreth 2 paund.)
- Një tavë e madhe pjekjeje me fund të rëndë
- ⅓ filxhan sheqer të grimcuar
- 4 Tb gjalpë të shkrirë
- 12 krepa të gatuara, me diametër 5 deri në 6 inç
- Një pjatë për pjekje e lyer lehtë me gjalpë
- 6 deri në 8 makarona bajate, të grimcuara
- Më shumë gjalpë i shkrirë dhe sheqer dhe konjak

UDHËZIME:
a) Shtroni mollët në tavën e pjekjes, spërkatni me sheqer dhe gjalpë të shkrirë dhe vendosini në nivelin e mesëm të furrës së parangrohur në 350 gradë për rreth 15 minuta ose derisa fetat e mollës të zbuten.

b) Vendosni një krep në enën e lyer me gjalpë për pjekje dhe servirje, lyeni me një shtresë feta molle, spërkatni me makarona dhe me disa pika gjalpë dhe konjak nëse dëshironi.

c) Shtroni sipër një krep, mbulojeni me mollë dhe vazhdoni kështu duke përfunduar me një krep. Spërkateni me gjalpë të shkrirë dhe sheqer.

d) Rreth 30 minuta para se ta servirni, piqini në nivelin e mesëm të një furre të parangrohur 375 gradë derisa të vlojë e nxehtë. Shërbejeni siç është, ose me flakë si në recetën e mëparshme.

11. Crêpes De Pommes De Terre / Pancakes me patate të grira

PËRBËRËSIT:
- 8 ons krem djathi
- 3 Tb miell
- 2 vezë
- ½ lugë kripë
- ⅛ lugë piper
- 6 ons (1½ filxhan) djathë zviceran, i prerë në kube ⅛-inç
- 2½ paund. patate për "pjekje" (4 filxhanë të grirë)
- 3 deri në 4 Tb krem i trashë
- Një tigan 10 inç
- Rreth 1½ Tb gjalpë, më shumë nëse është e nevojshme
- Rreth 1½ Tb vaj, më shumë nëse është e nevojshme

UDHËZIME:
a) Përzieni kremin e djathit, miellin, vezët, kripën dhe piperin në një tas të madh me një pirun përzierës. Përzieni djathin e prerë në kubikë.

b) Qëroni patatet, grijini nëpër vrima të mëdha rende. Një grusht në një kohë, ktheni patatet në një top në cepin e një peshqiri dhe nxirrni sa më shumë lëng që të jetë e mundur.

c) Përziejini me djathin dhe vezët, më pas përzieni me kremin e mjaftueshëm për të bërë një përzierje të konsistencës së sallatave kremoze.

d) Ngrohni gjalpin dhe vajin në një tigan, hidheni në grumbuj të vegjël ose të mëdhenj brumë patate rreth ⅜ inç të trashë. Gatuani në zjarr mesatarisht të lartë për 3 deri në 4 minuta, derisa të shfaqen flluska nëpër brumë.

e) Uleni nxehtësinë pak, kthejeni dhe gatuajeni edhe 4 deri në 5 minuta nga ana tjetër. Nëse nuk shërbehet menjëherë, vendoseni në një shtresë në një tepsi dhe

lëreni pa mbuluar. Piqeni për disa minuta në një furrë të parangrohur në 400 gradë.
f) Shërbejeni me të pjekura, bifteke, vezë të ziera ose të skuqura.

12. Banana creme Crêpes

PËRBËRËSIT:
- 4 Banane, përdorimi i ndarë
- Enë prej 8 ons me krem karamel
- Jogurt me aromë
- ½ filxhan krem pana ose i ngrirë
- Mbushje e rrahur jo qumështore,
- I shkrirë, plus shtesë për
- Dekoroni
- 6 Krepa të gatshëm
- Shurup panje ose çokollatë

UDHËZIME:
a) Vendosni 2 banane në një procesor ushqimi ose blender dhe përziejini derisa të jenë të lëmuara.
b) Shtoni kosin dhe përzieni. Llokoçis sipër të rrahur.
c) Pritini bananet e mbetura në monedha. Lërini mënjanë, 12 feta për sipër.
d) Vendosni krepin në çdo pjatë servirjeje: ndani përzierjen e kosit mbi çdo krep.
e) Ndani fetat e mbetura të bananes dhe kremin e rrahur ose majën.
f) Hidhni shurupin mbi çdo krep.

13. Krepi i qershisë s

PËRBËRËSIT:
- 1 filxhan salcë kosi
- ⅓ filxhan sheqer kaf, i paketuar fort
- 1 filxhan përzierje biskotash
- 1 vezë
- 1 filxhan Qumesht
- 1 kanaçe mbushje byreku me qershi
- 1 lugë çaji ekstrakt portokalli

UDHËZIME:
a) Përzieni kosin dhe sheqerin kaf dhe lëreni mënjanë. Kombinoni përzierjen e biskotave, vezën dhe qumështin.

b) Përziejini derisa të jetë e qetë. Tigan 6 inç i lyer me vaj.

c) Skuqini 2 lugë gjelle përzierje biskotash derisa të marrin një ngjyrë kafe të lehtë, të kthehen dhe të marrin ngjyrë kafe.

d) Mbushni çdo krep me një pjesë të përzierjes së kosit. Rrokullisje.

e) Vendosni anën e tegelit poshtë në enë për pjekje. Hidhni në përgjithësi mbushjen e byrekut me qershi.

f) E pjekim ne 350~ per 5 minuta. Hidhni ekstrakt portokalli mbi krepët dhe ndizni për ta shërbyer.

14. Kumquat-pecan Crêpes

PËRBËRËSIT:
- ½ filxhan kumquat të ruajtur
- 3 vezë të mëdha
- 1½ filxhan pecan, të prerë në kubikë
- ¾ filxhan Sheqer
- ¾ filxhan Gjalpë, temperaturë dhome
- 3 lugë Konjak
- ½ filxhan pikane, të prera në kubikë
- ¼ filxhan Sheqer
- ¼ filxhan Gjalpë, i shkrirë
- ½ filxhan konjak

UDHËZIME:
PËR PLOTËSIM:
a) Farërat, copëtoni dhe thajini kumquat-et, duke rezervuar ⅓ filxhan shurup kumquat.

b) Kombinoni vezët, 1½ filxhan pecan, ¾ filxhan sheqer, ¾ filxhan gjalpë, kumquats dhe 3 lugë gjelle konjak në një procesor ose blender dhe përziejini mirë duke përdorur kthesat e ndezjes/fikjes. Kthejeni në një tas.

c) Mbulojeni dhe ngrini për të paktën 1 orë.

PËR TË MBLEDHUR:
d) Lyeni me gjalpë dy enët e pjekjes 7x11 inç.

e) Rezervoni ⅓ filxhan mbushje për salcë. Mbushni çdo krep me rreth 1 ½ deri në 2 lugë gjelle mbushje. Roll Crêpes up modë puro.

f) Në enët e përgatitura për pjekje vendosim anën e qepjes poshtë në një shtresë të vetme.

g) Ngroheni furrën në 350 gradë. Spërkatini krepat me pjekjet e mbetura dhe sheqerin dhe spërkatini me gjalpë të shkrirë.

h) Piqni derisa të flluskojë nxehtë, rreth 15 minuta.

i) Ndërkohë, kombinoni ⅓ filxhan mbushjen e rezervuar, 2 lugë gjelle konjak dhe ⅓ filxhan shurup kumquat të rezervuar në një tenxhere të vogël dhe lëreni të ziejë në zjarr të ulët.

j) Ngrohni konjakun e mbetur në një tenxhere të vogël.

k) Për t'i shërbyer, rregulloni krepat në një pjatë dhe sipër lyeni me salcë. Ndezni Konjakun dhe derdhni sipër duke tundur pjatën derisa të shuhet flaka. Shërbejeni menjëherë.

15. Fruta tropikale Crêpe s

PËRBËRËSIT:
- 4 ons miell i thjeshtë, i situr
- 1 majë kripë
- 1 lugë çaji sheqer pluhur
- 1 vezë, plus një të verdhë veze
- ½ litër qumësht
- 2 lugë gjalpë të shkrirë
- 4 ons Sheqer
- 2 lugë raki ose rum
- 2½ gota përzierje frutash tropikale

UDHËZIME:
a) Për të bërë brumin e krepit, vendosni miellin, kripën dhe sheqerin e grirë në një tas dhe përzieni.

b) Rrihni gradualisht vezët, qumështin dhe gjalpin. Lëreni të qëndrojë për të paktën 2 orë.

c) Ngrohni një tigan të lyer me pak yndyrë, përzieni brumin dhe përdorni për të bërë 8 Krepa. Mbani ngrohtë.

d) Për të bërë mbushjen, vendoseni përzierjen e frutave tropikale në një tenxhere me sheqer dhe ngrohni butësisht derisa sheqeri të tretet.

e) Lëreni të vlojë dhe ngrohni derisa sheqeri të karamelizohet. Shtoni rakinë.

f) Mbushni çdo krep me fruta dhe shërbejeni menjëherë me krem ose krem.

16. Krepi i limonit s

PËRBËRËSIT:
- 1 vezë e madhe
- ½ filxhan qumësht
- ¼ filxhan miell për të gjitha përdorimet
- 1 lugë çaji Sheqer
- 1 lugë çaji lëkure limoni të grirë
- 1 majë kripë
- Gjalpë ose vaj për tigan

Salca e limonit:
- 2 gota ujë
- 1 filxhan Sheqer
- 2 limonë, letër të prerë në feta të holla, me fara

MBUSHJA KREM:
- 1 filxhan krem i rëndë, i ftohtë
- 2 lugë çaji Sheqer
- 1 lugë çaji ekstrakt vanilje

UDHËZIME:
BRUGI KREPE:
a) Rrihni lehtë vezën dhe qumështin së bashku në një tas mesatar.

b) Shtoni miellin, sheqerin, lëkurën e limonit dhe kripën dhe përzieni derisa të jetë e qetë.

c) Lëreni të mbuluar në frigorifer për të paktën 2 orë ose gjatë gjithë natës.

Salca e limonit:
d) Ngrohni ujin dhe sheqerin në një tenxhere të rëndë mesatare derisa sheqeri të tretet.

e) Shtoni fetat e limonit dhe ziejini për 30 minuta. Ftoheni në temperaturën e dhomës.

BËNI KREPA:

f) Lyejeni tiganin e krepit në një tigan 6 inç që nuk ngjit me një shtresë të hollë gjalpë ose vaj.
g) Ngroheni tiganin mbi nxehtësinë mesatare-të lartë.
h) Hidhni 2 lugë gjelle nga brumi i krepit dhe anoni shpejt tiganin që brumi të përhapet në mënyrë të barabartë.
i) Gatuani derisa pjesa e poshtme të marrë ngjyrë të artë dhe buza të jetë larguar nga ana e tiganit, rreth 3 minuta.
j) Kthejeni krepin dhe gatuajeni anën e dytë për rreth 1 minutë.
k) Lëreni të ftohet në një pjatë dhe përsërisni me brumin e mbetur për të bërë gjithsej 8 krep.
l) Pak përpara se ta shërbeni, bëni mbushjen e kremit: rrihni kremin, sheqerin dhe vaniljen në një tas mikser derisa të formohen maja të forta.
m) Në çdo pjatë ëmbëlsirë vendosni 2 krep, me anën e artë poshtë.
n) Mbushni kremin me lugë mbi çdo krep dhe rrotullojeni, duke e palosur në skajet dhe duke vendosur anën e qepjes poshtë në pjata.
o) Hidhni $\frac{1}{4}$ filxhan salcë limoni mbi çdo porcion dhe shërbejeni menjëherë.

17. Krepa me salcë frutash Chablis

PËRBËRËSIT:
- 3 vezë
- 1 filxhan qumësht i skremuar
- 1 filxhan miell
- $\frac{1}{8}$ lugë çaji kripë
- Spërkatje gatimi
- $\frac{1}{2}$ filxhan verë Chablis
- $\frac{1}{4}$ filxhan Ujë
- $\frac{1}{4}$ filxhan Sheqer
- 1 lugë gjelle niseshte misri
- $\frac{3}{4}$ filxhan luleshtrydhe të freskëta ose të ngrira
- $\frac{1}{2}$ filxhan Segmente portokalli të prera në kubikë
- 1 lugë gjelle ujë
- 4 Krepat e dashuruar

UDHËZIME:
a) Kombinoni 4 përbërësit e parë dhe përzieni me shpejtësi të ulët për rreth një minutë. Grini anët dhe përziejini mirë derisa të jenë të lëmuara.
b) Lëreni të qëndrojë 30 minuta. Lyejeni pjesën e poshtme të një omëlete $6\frac{1}{2}$ inç ose tigan me llak gatimi.
c) Nxehni tiganin mbi nxehtësi të ulët.
d) Hidhni në të rreth 3 lugë brumë - tiganin e anuar dhe rrotullues për të shpërndarë brumin në mënyrë të barabartë.
e) Gatuani derisa të skuqet lehtë në fund - kthejeni dhe skuqeni anën tjetër.
f) Për të ruajtur-mbështjellë Krepat e ndara me letër dylli, ngrini ose ftohuni.

Salca e frutave CHABLIS:
g) Në një tenxhere të vogël, bashkoni 3 përbërësit e parë - lërini të vlojnë - ziejini për 5 minuta.

h) Llokoçisni niseshte misri dhe 1 lugë gjelle ujë derisa të jenë të lëmuara.

i) Përzieni në përzierjen e verës dhe ziejini për disa minuta derisa të trashet, duke e përzier herë pas here.

j) Shtoni frutat dhe ngrohni derisa fruti të jetë i nxehtë. Mbushni krepët, palosni sipër dhe hidhni me lugë salcë shtesë sipër.

18. Ambrosia Crêpes

PËRBËRËSIT:
- 4 Krepa
- Koktej frutash me kanaçe 16 ons
- 1 kanaçe Mbushje ëmbëlsirë e ngrirë - e shkrirë
- 1 banane e vogël e pjekur e prerë në feta
- ½ filxhan marshmallow miniaturë
- ⅓ filxhan kokos të grirë

UDHËZIME:
a) Dekoroni me majë shtesë dhe fruta.
b) Për të ngrirë krepat grumbullohen me letër të dylluar ndërmjet.
c) Mbështilleni me letër të rëndë ose letër ngrirëse.
d) Ngroheni në furrë 350° për 10-15 minuta.

19. Krepat e manaferrave me salcë portokalli

PËRBËRËSIT:

- 1 filxhan boronica të freskëta
- 1 filxhan luleshtrydhe të prera në feta
- 1 lugë gjelle Sheqer
- Tre pako 3-ons me krem djathi të zbutur
- $\frac{1}{4}$ filxhan mjaltë
- $\frac{3}{4}$ filxhan lëng portokalli
- 8 Krepa

UDHËZIME:

a) Kombinoni boronicat, luleshtrydhet dhe sheqerin në një tas të vogël dhe lërini mënjanë.

b) Për të përgatitur salcën, rrihni kremin e djathit dhe mjaltin derisa të zbehet, dhe ngadalë rrihni lëngun e portokallit.

c) Lugë rreth $\frac{1}{2}$ filxhan mbushje kokrra të kuqe në qendër të 1 krep. Hidhni rreth 1 lugë gjelle salcë mbi manaferrat. Rrotulloni dhe vendoseni në një pjatë për servirje. Përsëriteni me krepat e mbetura.

d) Hidhni salcën e mbetur mbi krepët.

20. Kroasanët bazë

PËRBËRËSIT:
- ¾ filxhan plus 1 lugë gjelle qumësht të plotë
- 2 lugë çaji maja të menjëhershme
- 2⅔ gota miell për të gjitha përdorimet (ose miell T55), plus shtesë për formësimin
- 1 lugë gjelle plus 1½ lugë çaji (20 gram) sheqer të grimcuar
- 2 lugë çaji kripë kosher
- 1 filxhan gjalpë pa kripë, në temperaturë ambienti, i ndarë
- 1 vezë e madhe

UDHËZIME:
a) Përgatitni brumin: Në një tas mesatar, përzieni qumështin dhe majanë, më pas shtoni miellin, sheqerin, kripën dhe gjalpin dhe përzieni derisa të formohet një brumë i trashë. Kthejeni brumin në një stol të pastër dhe gatuajeni për 8 deri në 10 minuta (ose transferojeni në një mikser dhe gatuajeni për 6 deri në 8 minuta me shpejtësi të ulët) derisa të jetë i qetë, elastik dhe i zhdërvjellët.

b) Nëse e gatuani me dorë, kthejeni brumin në tas. Mbulojeni me një peshqir dhe lëreni mënjanë për 1 orë ose derisa të dyfishohet në madhësi. (Kjo kohë do të ndryshojë, në varësi të temperaturës së kuzhinës tuaj.)

c) Kthejeni brumin në një stol të pastër dhe shtypeni lehtë në një katror 8 inç. Mbështilleni me mbështjellës plastik dhe vendoseni në frigorifer për 1 orë. Ky njihet si blloku i brumit.

d) Blloku i brumit dhe blloku i gjalpit duhet të kenë një temperaturë dhe konsistencë të ngjashme, kështu që ftohja është thelbësore.

e) Pas 30 minutash të ftohjes së brumit, vendosni $\frac{3}{4}$ filxhanin e mbetur (170 gramë) gjalpë në një copë letër pergamene. Mbushni me një fletë shtesë letre pergamene dhe përdorni një rrotull dhe kruajtëse plastike stoli për t'i dhënë formë gjalpit në një drejtkëndësh 6 me 8 inç. Rrëshqitni paketën e letrës pergamene në një fletë pjekjeje dhe vendoseni në frigorifer për 15 deri në 20 minuta, derisa të jetë e fortë, por e përkulshme. Ju duhet të jeni në gjendje ta përkulni paketën pa u këputur në copa.

f) Lëreni bllokun e gjalpit mënjanë në stolin tuaj ndërsa i jepni formë brumit. Kjo do të sigurojë që të jetë temperatura e duhur (jo shumë e ftohtë) përpara inkorporimit. Spërkateni stolin dhe pjesën e sipërme të brumit me miell dhe rrotulloni bllokun e brumit në një drejtkëndësh 9 me 13 inç. Lani miellin e tepërt. Zhbllokoni gjalpin dhe kthejeni atë në qendër të brumit, në mënyrë që skajet e tij pothuajse të takohen me anët e bllokut të brumit. Palosni pjesën e sipërme dhe të poshtme të brumit mbi bllokun e gjalpit, duke u takuar në qendër. Mbërtheni mirë qendrën dhe mbyllni shtresat fundore. Temperatura është vendimtare, ndaj punoni shpejt.

g) Plurosni stolin tuaj me miell dhe rrotullojeni brumin në mënyrë që shtresa qendrore të jetë drejt jush. Hapeni brumin, duke përdorur një lëvizje mbrapa dhe mbrapa, për të krijuar një drejtkëndësh 7 me 21 inç, duke punuar me kujdes në mënyrë që gjalpi të mos ikë nga brumi. Nëse gjalpi ju duket, ngjisni brumin rreth tij për ta mbuluar dhe pluhurosni me miell. Lajeni miellin e tepërt përpara se ta palosni.

h) Palosni të tretën e sipërme të brumit drejt qendrës, më pas palosni të tretën e poshtme të brumit mbi qendër për të krijuar një palosje shkronjash. Lani miellin e tepërt.

i) Mbështilleni brumin me mbështjellës plastik dhe ftoheni për 30 minuta.

j) Përsëriteni hapin 6, duke filluar me skajin e palosur të brumit në anën tuaj të majtë, duke e rrotulluar brumin në një drejtkëndësh 7 me 21 inç dhe duke krijuar një palosje shkronjash. Mbështilleni përsëri brumin dhe ftoheni për 45 minuta.

k) Përsëriteni këtë hap edhe një herë, më pas mbështilleni brumin dhe ftoheni për të paktën 1 orë ose gjatë natës.

l) Formoni dhe piqni: Vini një fletë pjekjeje me letër furre.

m) Pluhuroni stolin tuaj me miell dhe rrotulloni brumin në një drejtkëndësh $\frac{1}{4}$ inç të trashë, rreth 9 nga 20 inç.

n) Përdorni një thikë prerëse për të shënuar seksione 4 inç përgjatë gjatësisë së anës së gjatë. Përdorni një thikë kuzhinieri për të prerë drejtkëndëshin në shenjat 4 inç, duke krijuar pesë seksione 4 me 9 inç. Përgjysmoni secilën nga këto seksione diagonalisht për të krijuar gjithsej 10 trekëndësha.

o) Zgjatni pak pjesën e poshtme të çdo trekëndëshi për ta zgjatur pak.

p) Duke filluar nga ana e gjatë, rrotulloni trekëndëshat për të krijuar një formë briosh.

q) Kur të keni arritur pothuajse në fund të rrotullës, tërhiqeni pak majën për ta zgjatur dhe mbështilleni rreth brioshit, duke e shtrënguar lehtë që të mbyllet. Vendosni çdo briosh në fletën e përgatitur të pjekjes me majat në fund që të mos hapen gjatë korrigjimit dhe pjekjes. Ndani ato disa centimetra larg njëri-tjetrit.

r) Mbulojeni tabakën me mbështjellës plastik dhe lëreni mënjanë në temperaturën e dhomës për $1\frac{1}{2}$ deri në $2\frac{1}{2}$ orë. (Kjo kohë do të ndryshojë, në varësi të temperaturës së kuzhinës suaj, por temperatura ideale është 75°F deri në

80°F.) Provoni derisa të arrijë një konsistencë marshmallow-y dhe një rritje në volum. Nëse e shponi brumin, ai duhet të kthehet paksa, duke lënë një dhëmbëzim.

s) Pas 1 ore izolim, ngrohni furrën në 400°F.

t) Në një tas të vogël, rrihni vezën me një spërkatje uji dhe përdorni një furçë pastiçerie për të lyer glazurën mbi brioshët. Lajini ato edhe një herë, për shkëlqim shtesë.

u) Piqni për 30 deri në 35 minuta derisa brioshët të marrin një kafe të thellë të artë. Shërbejeni të ngrohtë.

21. Kroasantë klasikë

PËRBËRËSIT:
- 4 gota miell për të gjitha përdorimet
- 1/4 filxhan sheqer
- 1 1/2 lugë çaji kripë
- 2 1/4 lugë çaji maja e menjëhershme
- 1 1/4 filxhan qumësht të ftohtë
- 2 lugë gjalpë pa kripë, i zbutur
- 2 1/2 shkopinj gjalpë pa kripë, të ftohur dhe të prerë në feta të holla
- 1 vezë e rrahur me 1 lugë gjelle ujë

UDHËZIME:
a) Në një tas të madh, përzieni miellin, sheqerin, kripën dhe majanë.
b) Shtoni qumështin e ftohtë dhe 2 lugë gjalpë të zbutur dhe përzieni derisa të formohet një brumë i ashpër.
c) Kthejeni brumin në një sipërfaqe të lyer me miell dhe gatuajeni për rreth 10 minuta derisa të jetë e butë dhe elastike.
d) E vendosim brumin në një tas të lyer me pak vaj, e mbulojmë me mbështjellës plastik dhe e vendosim në frigorifer për 1 orë.
e) Në një sipërfaqe të lyer me miell, rrotulloni fetat e gjalpit të ftohur në një drejtkëndësh. Palosni brumin mbi gjalpë dhe lidhni skajet së bashku.
f) Rrotulloni brumin dhe gjalpin në një drejtkëndësh të gjatë. Paloseni në të tretat, si një shkronjë.
g) Hapeni përsëri brumin dhe përsërisni procesin e palosjes edhe dy herë. Ftoheni brumin për 30 minuta.
h) Hapeni brumin një herë të fundit në një drejtkëndësh të madh, më pas prejeni në trekëndësha.

i) Rrotulloni çdo trekëndësh lart, duke filluar nga fundi i gjerë dhe formoni një gjysmëhënës.

j) I vendosim brioshët në një tepsi të shtruar, i lyejmë me vezë dhe i lëmë të ngrihen për 1 orë.

k) Ngrohni furrën në 400°F (200°C) dhe piqini brioshët për 20-25 minuta derisa të marrin ngjyrë kafe të artë.

22. Kroasanët e bukës me pupla

PËRBËRËSIT:
- 2 lugë çaji maja makinerie buke
- 2¼ gota miell për të gjitha përdorimet
- 2 lugë çaji kripë
- 2 lugë gjelle qumësht të ngurtë të menjëhershëm pa yndyrë
- 1 lugë gjelle Sheqer
- ⅞ filxhan Ujë
- 4 ons gjalpë pa kripë
- 1 vezë e madhe; i rrahur me
- 1 lugë gjelle ujë; për lustrim
- 3 shufra (1,45 ons) çokollatë gjysmë e ëmbël

UDHËZIME:
a) Shtoni majanë, miellin, kripën, lëndët e ngurta të qumështit, sheqerin dhe ujin në tavën e makinës së bukës dhe vendoseni në makinë. Përpunoni përbërësit në vendosjen e brumit derisa të përfshihen mirë, pa përbërës të thatë të ngjitur në anët e tiganit, rreth 10 minuta në shumicën e makinerive.

b) Pasi të jetë përzier brumi, fikeni makinën dhe lëreni brumin në makinë derisa të dyfishohet, rreth 1 orë e gjysmë.

c) Ndërkohë vendosim shkopin e gjalpit midis 2 shtresave të mbështjelljes plastike ose letrës së dylluar. Me gishta, rrafshoni dhe formoni gjalpin në një katror 6 inç që është rreth ⅓ inç i trashë. Ftoheni për të paktën 15 minuta. Gjalpi duhet të jetë në konsistencën e shkurtimit të perimeve kur e përdorni. Nëse është shumë e fortë, do ta grisë brumin; nëse është shumë i butë do të rrjedhë nga anët. Ngrohni ose ftohni në përputhje me rrethanat.

d) Kur brumi të jetë dyfishuar në vëllim, vendoseni në një sipërfaqe të lyer mirë me miell. Me duar të lyera me miell, shtypni brumin në një katror 13 inç. Zhbllokoni gjalpin e ftohur dhe vendoseni diagonalisht në qendër të katrorit të brumit. Sillni cepat e brumit mbi gjalpë që të takohen në qendër (do të duket si një zarf). Shtypni qendrën dhe skajet e brumit për t'u rrafshuar dhe vulosur me gjalpë.

e) Duke përdorur një gjilpërë të mbështjellë pak me miell, rrotulloni brumin në një drejtkëndësh 18 x 9 inç. Mos e shtypni shumë fort. Nëse e bëni këtë, gjalpi do të rrjedhë ose brumi do të çahet (nëse grihet, thjesht kapeni për ta ngjitur). Palosni një fund 9 inç të drejtkëndëshit të brumit mbi të tretën qendrore të brumit. Paloseni këtë mbi të tretën e mbetur.

f) Hapeni përsëri brumin në një drejtkëndësh 18 x 9 inç. Paloseni si më parë për të formuar 3 shtresat dhe vendoseni në një qese plastike ose mbështilleni lirshëm me mbështjellës plastik. Lëreni brumin në frigorifer për 30 minuta dhe më pas përsërisni procesin e rrotullimit, palosjes dhe ftohjes edhe dy herë të tjera.

g) Lëreni brumin në frigorifer gjatë natës pas palosjes së fundit.

h) Për të prerë dhe dhënë formë brioshët, e prisni brumin në gjysmë. Njërën gjysmën e mbështjellni me plastikë dhe e ktheni në frigorifer ndërkohë që punoni me gjysmën tjetër. Hapeni brumin në një sipërfaqe të lyer pak me miell në një rreth 13 inç.

i) Pritini në 6 feta. Tërhiqni butësisht bazën e secilës pykë në një gjerësi prej rreth 6 inç dhe gjatësinë e secilës pykë në rreth 7 inç. Duke filluar nga baza, rrokullisni pykën. Vendoseni brioshin, në pikën e sipërme poshtë, në një fletë pjekjeje të rëndë.

j) Lakoni dhe sillni pikat e bazës drejt qendrës për të formuar një gjysmëhënës. Rrokullisni dhe formësoni të gjithë brioshët, duke i vendosur 2 centimetra larg njëri-tjetrit në tepsi.

k) Lyejini brioshët lehtë me glazurën e vezëve. Më pas, lërini të ngrihen në një vend të ngrohtë derisa të jenë të lehta dhe të fryhen, rreth 1 orë e gjysmë. Ndërkohë, ngrohni furrën në 400F. I lyejmë brioshët me glazurën e vezëve edhe një herë para se t'i fusim në furrë. Piqini për 15 minuta, ose derisa të marrin ngjyrë kafe të artë. Hiqni brioshët nga letra e pjekjes që të ftohen në një raft. Shërbejeni të ngrohtë, me reçel ose mbushjen tuaj të preferuar me sanduiç.

l) Përgatisni brumin e brioshit sipas udhëzimeve.

m) Pasi ta keni prerë në gjysmë, rrotulloni secilën gjysmë në një drejtkëndësh 14 x 12 inç në një sipërfaqe të lyer pak me miell. Pritini secilën gjysmë në gjashtë drejtkëndësha 7 x 4 inç.

n) Ndani tre shufra 1,45 ons çokollatë gjysmë të ëmbël ose të zezë për të bërë 12 drejtkëndësha, secili rreth 3 x 1 $\frac{1}{2}$ inç. Vendosni një copë çokollatë për së gjati përgjatë një skaji të shkurtër të secilës pjesë të brumit. Rrotulloni për të mbyllur plotësisht çokollatën dhe shtypni skajet që të mbyllen. Vendosni brioshët, me anën e qepjes poshtë, në një fletë të madhe pjekjeje.

o) Vazhdoni me lustër dhe piqni sipas udhëzimeve.

23. Kroasanët e hambarëve

PËRBËRËSIT:
- ¼ linte ujë të vakët
- 7 ons Qumësht i kondensuar i pa ëmbëlsuar pjesërisht i skremuar
- 1 ons maja e thatë
- 2 ons gjalpë pa kripë; i shkrirë
- 1 kile miell hambare
- Një majë kripë
- 3 ons margarinë luledielli ose soje
- Qumësht për glazurë

UDHËZIME:
a) Bashkoni ujin me qumështin e avulluar dhe më pas grijeni në majanë e freskët ose përzieni majanë e tharë.

b) Shtoni gjalpin. Shosh miellin me kripën në një tas të madh, duke i kthyer kokrrat nga sita tek mielli në tas.

c) Fërkojeni margarinën në miell derisa masa të ngjajë me thërrimet e bukës.

d) Krijoni një pus në qendër të miellit, derdhni përzierjen e majave dhe përziejeni mirë.

e) Kthejeni brumin në një sipërfaqe të lyer pak me miell dhe gatuajeni për 3 minuta.

f) Kthejeni brumin në tas, mbulojeni me një peshqir të lagur dhe lëreni në një vend të ngrohtë për rreth 30 minuta derisa të dyfishohet në madhësi.

g) Nëse temperatura e dhomës është e ftohtë, rritja mund të përshpejtohet duke përdorur një furrë me mikrovalë: vendoseni brumin e mbuluar në mikrovalë në një enë rezistente ndaj mikrovalëve me fuqi të plotë për 10 sekonda. Lëreni brumin të pushojë për 10 minuta dhe më pas përsërisni procedurën dy herë.

h) Kthejeni gjysmën e brumit të pjekur në një sipërfaqe të lyer pak me miell dhe rrotullojeni në një rreth me trashësi rreth 5 mm ($\frac{1}{4}$ inç). Me një thikë të mprehtë, priteni brumin në tetë segmente trekëndore. Duke punuar nga buza e jashtme, rrotulloni çdo segment në mes. Përkulni secilën pjesë në një gjysmëhënës dhe vendoseni në një tepsi të lyer pak me vaj.

i) Mbulojeni me një peshqir çaji dhe lëreni të dyfishohet në madhësi.

j) Ndërkohë, ngrohni furrën në Gas Mark 5/190C/375 F. Përsëriteni procesin e formësimit me gjysmën tjetër të brumit.

k) Përndryshe, lëreni brumin e mbetur të mbuluar në frigorifer deri në 4 ditë dhe përdorni kur keni nevojë për briosh të freskët.

l) Kur brioshët të jenë dyfishuar, i lyejmë me qumësht dhe i pjekim në furrë për 15-20 minuta derisa të fryhen dhe të marrin ngjyrë të artë.

24. Kroasantë me çokollatë

PËRBËRËSIT:
- 1½ filxhan Gjalpë ose margarinë, i zbutur
- ¼ filxhan miell për të gjitha përdorimet
- ¾ filxhan qumësht
- 2 lugë sheqer
- 1 lugë çaji Kripë
- ½ filxhan ujë shumë të ngrohtë
- 2 pako Maja e thatë aktive
- 3 filxhanë miell, të patrazuar
- 12 ons patate të skuqura çokollatë
- 1 e verdhe veze
- 1 luge qumesht

UDHËZIME:
a) Me një lugë rrihni gjalpin, ¼ filxhani miell derisa të bëhet një masë homogjene. Përhapeni në letër të dylluar në një drejtkëndësh 12x6. Vendoseni në frigorifer. Ngrohni ¾ filxhan qumësht; përzieni 2 lugë sheqer, kripë për t'u tretur.

b) Ftohtë në të vakët. Spërkatni ujë me maja; përziejmë që të tretet. Me lugë rrihni përzierjen e qumështit dhe 3 gota miell derisa të bëhet një masë homogjene.

c) Ndizni leckë pastiçerie të lyer pak me miell; gatuajeni derisa të jetë e qetë. Lëreni të ngrihet, i mbuluar, në një vend të ngrohtë, pa rryma, derisa të dyfishohet - rreth 1 orë. Lëreni në frigorifer për ½ orë.

d) Në një leckë pastiçerie të lyer lehtë me miell, rrotullojeni në një drejtkëndësh 14x14.

e) Vendosni përzierjen e gjalpit në gjysmën e brumit; hiqni letrën. Palosni gjysmën tjetër mbi gjalpë; ngjisni skajet për të vulosur. Me palosjen në të djathtë, rrotullojeni nga qendra në 20x8.

f) Nga ana e shkurtër, palosni brumin në të tretat, duke bërë 3 shtresa; skajet e vulës; ftohet 1 orë e mbështjellë me fletë metalike. Me palosjen në të majtë, rrotullojeni në 20x8; dele ftohtë ½ orë. Përsëriteni.

g) Ftoheni gjatë natës. Ditën tjetër, rrotulloni; palos dy herë; ftoh ½ orë ndërmjet. Më pas ftoheni 1 orë më gjatë.

h) Për të formuar: Pritini brumin në 4 pjesë. Në një leckë pastiçerie të lyer lehtë me miell, rrotullojeni secilën në një rreth 12 inç. Pritini çdo rreth në 6 pjesë.

i) Spërkatini copat me patate të skuqura çokollate -- kini kujdes që të lini një diferencë prej ½ inç përreth dhe të mos e teproni me patate të skuqura. Rrotulloni fillimin në fund të gjerë. Formoni në një gjysmëhënës. Vendoseni anën e pikës poshtë, 2" larg njëri-tjetrit në letër kafe në fletën e biskotave.

j) Mbulesë; lëreni të ngrihet në një vend të ngrohtë, pa rrymime derisa të dyfishohet, 1 orë.

k) Ngroheni furrën në 425. lyejeni me të verdhën e vezës së rrahur me 1 lugë qumësht. Piqni 5 minuta, pastaj zvogëloni furrën në 375; piqni 10 minuta më shumë ose derisa brioshët të fryhen dhe të skuqen.

l) Ftoheni në raft për 10 minuta.

25. Kroasanët ekler me banane

PËRBËRËSIT:
- 4 briosh të ngrirë
- 2 katrorë çokollatë gjysmë e ëmbël
- 1 lugë gjelle Gjalpë
- ¼ filxhan Sheqer ëmbëlsirash të situr
- 1 lugë çaji ujë të nxehtë; deri në 2
- 1 filxhan puding vanilje
- 2 banane mesatare; feta

UDHËZIME:
a) Pritini brioshët e ngrirë në gjysmë për së gjati; largohen së bashku. Ngrohni brioshët e ngrirë në tepsi të palyer me yndyrë në 325°F të parangrohur. furre 9-11 minuta.

b) Shkrini së bashku çokollatën dhe gjalpin. Përzieni sheqerin dhe ujin për të bërë një lustër të përhapur.

c) Përhapeni ¼ filxhan puding në secilën gjysmë të fundit të brioshit. Sipër i hidhni banane të prera në feta.

d) Zëvendësoni majat e brioshit; spërkatni glazurën me çokollatë.

e) Shërbejeni.

26. Malted me çokollatë të zezë Puding buke kruasant

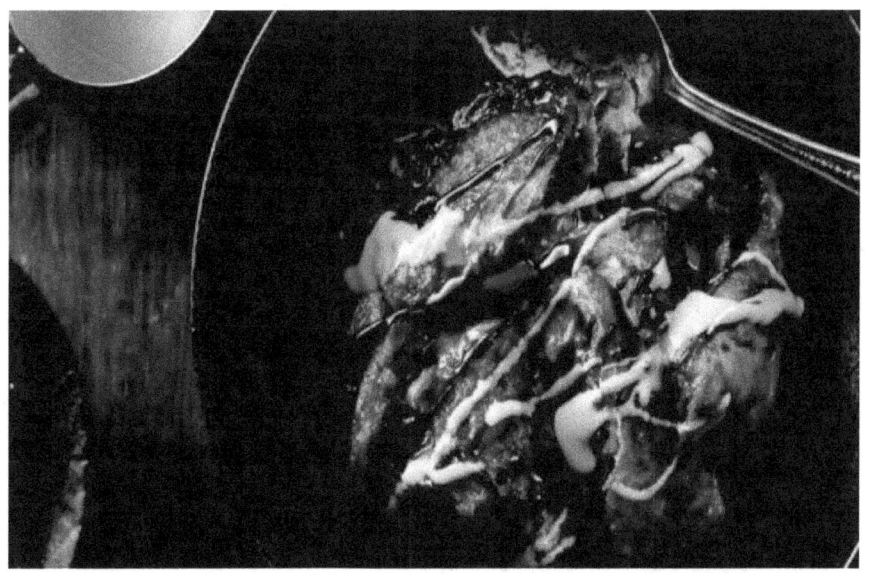

PËRBËRËSIT:
- 6 briosha të mëdhenj, mundësisht një ditë
- 3 gota qumësht të plotë
- 1 filxhan krem të rëndë
- 1/2 filxhan sheqer të grimcuar
- 4 vezë të mëdha
- 2 lugë çaji ekstrakt vanilje
- 1/4 lugë çaji kripë
- 1/2 filxhan patate të skuqura çokollatë të zezë
- 1/4 filxhan qumësht pluhur i maltuar
- Krem pana, për servirje (opsionale)

UDHËZIME:
a) Ngrohni furrën në 350°F. Lyejeni me gjalpë një enë pjekjeje 9x13 inç.

b) Pritini brioshët në copa sa një kafshatë dhe vendosini në enën e përgatitur për pjekje.

c) Në një tas të madh, përzieni qumështin, ajkën, sheqerin, vezët, ekstraktin e vaniljes, kripën dhe qumështin pluhur të maltuar derisa të kombinohen mirë.

d) Masën e derdhni mbi brioshët, duke u kujdesur që lëngu të shpërndahet në mënyrë të barabartë.

e) Spërkatni copat e çokollatës së zezë mbi pudingun e bukës.

f) E mbulojmë me letër alumini enën e pjekjes dhe e pjekim për 35 minuta.

g) Hiqni folenë dhe vazhdoni pjekjen edhe për 15-20 minuta të tjera, ose derisa pudingu i bukës të jetë vendosur dhe sipër të marrë ngjyrë kafe të artë.

h) Lëreni pudingun e bukës të ftohet për disa minuta përpara se ta shërbeni. Spërkateni me krem pana sipas dëshirës.

27. Bajame me çokollatë Croissant Éclairs

PËRBËRËSIT:
PËR PÂTE À CHOUX:
- 1/2 filxhan ujë
- 1/2 filxhan qumësht të plotë
- 1/2 filxhan gjalpë pa kripë, të prerë në kubikë
- 1/2 lugë çaji kripë
- 1 lugë çaji sheqer
- 1 filxhan miell për të gjitha përdorimet
- 4 vezë të mëdha, në temperaturë dhome

PËR MBUSHJEN E BAJAMEVE me ÇOKOLLATË:
- 1 filxhan krem të rëndë
- 1 filxhan çokollatë gjysmë të ëmbël
- 1/2 filxhan gjalpë bajame

PËR GLAZURËN E ÇOKOLLATËS:
- 1/2 filxhan çokollatë gjysmë të ëmbël
- 2 lugë gjalpë pa kripë
- 1 lugë shurup misri

UDHËZIME:
a) Ngrohni furrën në 375°F. Rreshtoni një fletë pjekjeje me letër pergamene.

b) Në një tenxhere të mesme, bashkoni ujin, qumështin, gjalpin, kripën dhe sheqerin. Ngroheni në zjarr mesatar derisa gjalpi të shkrijë dhe masa të ziejë.

c) Shtoni miellin përnjëherë dhe përzieni fuqishëm me një lugë druri derisa masa të formojë një top dhe të largohet nga anët e tavës.

d) Hiqeni tiganin nga zjarri dhe lëreni të ftohet për 5 minuta.

e) Shtoni vezët një nga një, duke i rrahur mirë pas çdo shtimi, derisa masa të jetë e lëmuar dhe me shkëlqim.

f) Vendosni një qese pastiçerie me një majë të madhe të rrumbullakët dhe mbusheni me brumin choux.

g) Vendoseni pastën në fletën e përgatitur të pjekjes, duke formuar ekler 6 inç të gjatë.

h) Piqni për 25-30 minuta, ose derisa të marrin ngjyrë kafe të artë dhe të fryhet.

i) Hiqeni nga furra dhe lëreni të ftohet plotësisht.

j) Në një tenxhere të mesme, ngrohni kremin e trashë derisa të ziejë.

k) Hiqeni nga zjarri dhe shtoni cokollaten dhe gjalpin e bajames. Përziejini derisa çokollata të shkrihet dhe masa të jetë e lëmuar.

l) Prisni një të çarë të vogël në pjesën e poshtme të secilit ekler dhe futni mbushjen në qendër.

m) Në një tenxhere të vogël shkrini copëzat e çokollatës, gjalpin dhe shurupin e misrit në zjarr të ulët, duke i përzier vazhdimisht, derisa të jenë të lëmuara.

n) Lyejeni pjesën e sipërme të çdo ekleri në glazurën e çokollatës dhe vendoseni në një raft teli për t'u vendosur.

o) Sipas dëshirës: Spërkateni me bajame të prera në feta.

28. E mbuluar me çokollatë Kroasantë me luleshtrydhe

PËRBËRËSIT:
- 6 briosha
- 1/2 filxhan reçel luleshtrydhe
- 1/2 filxhan çokollatë gjysmë të ëmbël
- 1 lugë gjelle gjalpë pa kripë
- 1/4 filxhan krem të rëndë
- Luleshtrydhe të freskëta, të prera në feta (opsionale)

UDHËZIME:
a) Ngrohni furrën në 375°F.
b) Pritini çdo briosh në gjysmë për së gjati.
c) Përhapeni 1-2 lugë gjelle reçel luleshtrydhesh në gjysmën e poshtme të çdo briosh.
d) Zëvendësoni gjysmën e sipërme të çdo briosh dhe vendosini në një fletë pjekjeje.
e) Piqni për 10-12 minuta, ose derisa brioshët të marrin një ngjyrë kafe të lehtë.
f) Në një tenxhere të vogël shkrini copëzat e çokollatës, gjalpin dhe kremin e trashë në zjarr të ulët, duke i trazuar vazhdimisht, derisa të jenë të lëmuara.
g) Hiqni brioshët nga furra dhe lërini të ftohen për disa minuta.
h) Lyejeni pjesën e sipërme të çdo briosh në përzierjen e çokollatës, duke e lënë të pikojë teprica.
i) I vendosim brioshët e mbuluar me çokollatë në një raft teli që të ftohen dhe të qëndrojnë.
j) Opsionale: sipër me feta luleshtrydhe të freskëta përpara se ta shërbeni.

KURS KRYESOR

29. Supremes De Volaille a Blanc

PËRBËRËSIT:
GJITHJA E GJYSVE TË POLËS
- 4 supreme
- ½ lugë çaji lëng limoni
- ¼ lugë kripë
- Majë e madhe piper i bardhë
- 4 Tb gjalpë
- Një tavë e rëndë, e mbuluar kundër zjarrit me diametër rreth 10 inç
- Një rreth letre e dylluar e prerë për t'iu përshtatur tavës
- Një pjatë e nxehtë për servirje

SALCE ME VERË DHE KREM, DHE SHËRBIMI
- ¼ filxhani lëng i bardhë ose kafe ose bujoni i konservuar i viçit
- ¼ filxhan port, Madeira, ose vermut i bardhë i thatë
- 1 filxhan krem të trashë Kripë, piper të bardhë dhe lëng limoni
- 2 Tb majdanoz i freskët i grirë

UDHËZIME:
a) Ngroheni furrën në 400 gradë.
b) Fërkoni supremet me pika lëng limoni dhe spërkatni lehtë me kripë dhe piper. Ngrohni gjalpin në tavë derisa të shkumëzohet. Rrotulloni shpejt supremet në gjalpë, shtroni sipër tyre letrën, mbuloni tavën dhe vendoseni në një furrë të nxehtë.
c) Pas 6 minutash, shtypni majat e supremeve me gishtin tuaj; nëse është ende i butë dhe i skuqur, kthejeni në furrë për një ose dy minuta të tjera.
d) Ato kryhen kur ndihen pak pranverore dhe elastike; mos i ziej shumë. Hiqini supremet në një pjatë të nxehtë për

servirje; mbulojeni dhe mbajeni të ngrohtë gjatë përgatitjes së salcës, e cila do të zgjasë 2 deri në 3 minuta.

e) Hidhni lëngun ose bojën dhe verën në tavë me gjalpin e gatimit dhe ziejini me shpejtësi në zjarr të fortë derisa lëngu të bëhet shurup. Më pas hidhni kremin dhe ziejini shpejt derisa të trashet pak.

f) I rregullojmë me kujdes me kripë, piper dhe me pika lëng limoni.

g) Hidhni salcën mbi supreme, spërkatni me majdanoz dhe shërbejeni menjëherë.

30. Rizoto

PËRBËRËSIT:

⅓ filxhan qepë të grira hollë
2 Tb gjalpë
Një tenxhere e rëndë me 6 filxhanë ose një tavë kundër flakës
1 filxhan oriz të bardhë të papërpunuar
2 gota lëng pule ose lëng mishi, të ngrohur deri në valë
Kripë dhe piper
Një buqetë e vogël me barishte: 2 degë majdanozi, ⅓ gjethe dafine dhe ⅛ lugë trumzë të lidhur në napë të larë

UDHËZIME:

Gatuani qepët ngadalë në gjalpë për disa minuta derisa të jenë të buta dhe të tejdukshme. Shtoni orizin dhe përzieni në zjarr mesatar për 3 deri në 4 minuta derisa kokrrat e orizit, të cilat fillimisht bëhen të tejdukshme, të bëhen të bardha qumështi. Ky hap gatuan shtresën me miell të orizit dhe parandalon që kokrrat të ngjiten së bashku. Më pas përzieni lëngun e pulës, e rregulloni pak me kripë dhe piper dhe shtoni buqetën me barishte. I trazojmë për një kohë të shkurtër derisa të arrihet zierja, më pas e mbulojmë fort dhe e pjekim me zjarr mesatar në sobë ose në furrë të parangrohur 350 gradë. Rregulloni nxehtësinë në mënyrë që orizi të ketë thithur lëngun për rreth 18 minuta, por mos e përzieni fare orizin gjatë zierjes. Pasi të keni mbaruar, skuqeni lehtë me një pirun, duke shtuar më shumë kripë dhe piper nëse është e nevojshme. (Rizoto mund të gatuhet paraprakisht dhe të lihet mënjanë, pa mbuluar; për t'u ngrohur, vendoseni në një tigan me ujë të zierë, mbulojeni orizin dhe lëreni me një pirun herë pas here derisa orizi të jetë i nxehtë. Mos e zieni shumë.)

31. Haricots Verts Au Maître d'Hôtel

PËRBËRËSIT:

GATIME PARAPRAKE OSE BLANCHIM
3 paund. bishtaja të freskëta
Një kazan i madh që përmban 7 deri në 8 litra ujë të vluar me shpejtësi
3½ lugë kripë
SHËRBIMI
Një tenxhere ose tigan i rëndë 8 deri në 10 inç i emaluar ose që nuk ngjit
Kripë dhe piper
3 deri në 4 Tb gjalpë
1 lugë çaji lëng limoni
2 deri në 3 Tb majdanoz i freskët i grirë

UDHËZIME:

Snap përfundon jashtë fasule. Pak para gatimit, lani shpejt nën ujë të nxehtë. Hidhini fasulet në kazan, shtoni kripë dhe shpejt kthejini të ziejnë. Ziejeni pa mbuluar për 8 minuta, më pas provoni një fasule duke e ngrënë. Fasulet bëhen kur janë të buta, por ende ruajnë një sugjerim krokante. Sapo të jenë gati, vendosni një kullesë mbi kazan dhe kullojeni ujin nga fasulet. Më pas hidhni ujë të ftohtë në një kazan për disa minuta për të ftohur fasulet dhe për të vendosur ngjyrën dhe strukturën. Kullojeni. Lëreni mënjanë derisa të jeni gati për përdorim.

Për t'i shërbyer, hidhni fasulet në tenxhere ose tigan mbi nxehtësi mesatarisht të lartë për të avulluar të gjithë lagështinë e tyre. Më pas hidhni kripë, piper dhe gjalpë derisa të nxehet mirë - 2 minuta ose më shumë. Hidhni sërish me një lugë çaji lëng limoni dhe majdanozin e grirë. Shërbejeni menjëherë.

32. Terrine De Porc, Veau, Et Jambon

PËRBËRËSIT:

PËRZIERJA THEMELORE E PÂTÉ

½ filxhan qepë të grira hollë
2 Tb gjalpë
Një tigan i vogël
Një tas përzierjeje prej 3 literësh
½ filxhan port të thatë ose Madeira, ose konjak
¾ paund. (1½ filxhan) mish derri i grirë imët
¾ paund. (1½ filxhan) mish viçi pa dhjamë i grirë imët
½ paund. (1 filxhan) yndyrë derri të freskët të bluar (shih shënimet në fillim të recetës)
2 vezë të rrahura lehtë
½ lugë kripë
½ lugë piper
½ lugë trumzë
Spice e madhe majë
Një thelpi i vogël hudhër i grirë

RRITAT E VIÇIT

½ paund. viçi pa dhjamë nga pema e rrumbullakët ose fileto, i prerë në shirita ¼ inç
Nje tas
3 Tb konjak
Kripë dhe piper
Thërrmoni secilën nga trumza dhe speci
1 Tb qepe ose qepë të grirë hollë
Opsionale: 1 ose më shumë tartuf të konservuar të prerë në kube ¼ inç dhe lëng nga kanaçe

FORMIMI I PâTÉ

Një enë pjekjeje ose tepsi me 2 litra (shih shënimet në fillim të recetës)
Fletët ose rripat e mjaftueshëm të yndyrës së derrit për të mbyllur paten (shih shënimet në fillim të recetës)

4 gota me përzierjen bazë të patesë
½ paund. proshutë e zier e ligët e prerë në shirita ¼ inç të trashë
1 gjethe dafine
Letër alumini
Një mbulesë e rëndë për pjatën ose tiganin e pjekjes
Një tavë për të mbajtur një enë pjekjeje në furrë

UDHËZIME:

Gatuani qepët ngadalë në gjalpë derisa të jenë të buta dhe të tejdukshme; pastaj grijini ato në enën e përzierjes. Derdhni verën në tigan dhe ziejini derisa të zvogëlohet përgjysmë; shtoni qepëve në enën e përzierjes.

Rrihni me forcë mishin e bluar, yndyrën, vezët dhe erëzat në qepë derisa gjithçka të përzihet plotësisht dhe struktura të jetë zbutur dhe zbutur - 2 deri në 3 minuta. Skuqeni një lugë të vogël derisa të gatuhet; shijoni dhe korrigjoni erëzat nëse është e nevojshme.

Ndërsa përgatitni përbërës të tjerë që do të ndiqni, marinoni viçin në një tas me konjak dhe erëza të tjera, duke përfshirë tartufin opsional dhe lëngun nga kutia e tyre. Para përdorimit, kullojeni mishin e viçit dhe tartufin; rezervoni marinadën.

(Ngrohni furrën në 350 gradë për hapin tjetër.)

Rreshtoni fundin dhe anët e pjatës me rripa yndyre derri, duke e shtypur fort në vend. Rrihni marinadën e viçit në përzierjen bazë të patesë dhe shpërndajeni një të tretën në fund të gjellës. Mbulojeni me gjysmën e shiritave të viçit të marinuar, duke alternuar me gjysmën e shiritave të proshutës. Nëse përdorni tartuf, vendosini ato në një rresht poshtë qendrës. Mbulojeni me gjysmën e masës së mbetur të patesë, pjesën tjetër të rripave të viçit dhe proshutës, më shumë tartuf dhe në fund të fundit të përzierjes së patesë. Shtroni gjethen e dafinës sipër; mbulojeni me një fletë ose rripa yndyre derri. Mbyllni pjesën e sipërme të enës me letër alumini dhe vendoseni në mbulesë (vendosni një peshë sipër nëse mbulesa është e lirë ose e dobët).

PJEKJA E PATES

Vendosni një pjatë në një tigan pak më të madh dhe derdhni ujë të mjaftueshëm për të ardhur deri në dy të tretat. Vendoseni në një të tretën e poshtme të furrës së parangrohur në 350 gradë dhe piqni për rreth 1 orë e gjysmë, ose derisa pateja të jetë tkurrur pak nga ena e pjekjes dhe të gjitha lëngjet e lëngëta dhe lëngjet përreth të kenë një ngjyrë të verdhë të pastër pa gjurmë të ngjyrës rozë.

FTOHJE, FTOHJE DHE SHËRBIM

Pasi të keni mbaruar, hiqeni enën nga uji dhe vendoseni në një pjatë. Hiqeni kapakun dhe sipër mbulesës së letrës vendosni një copë druri, një tepsi ose një enë e cila thjesht do të futet në enën e pjekjes. Mbi ose në të, vendosni një peshë prej 3 deri në 4 kilogramë ose pjesë të një mulli mishi; kjo do të paketojë patën, kështu që nuk do të ketë hapësira ajrore më vonë. Ftoheni në temperaturën e dhomës për disa orë, pastaj vendoseni në frigorifer, ende të peshuar, për 6 deri në 8 orë ose gjatë natës.

Pritini fetat e servirjes direkt nga ena e pjekjes në tavolinë, ose zbërtheni patetën, hiqni yndyrën e derrit dhe shërbejeni patën e zbukuruar në aspik. (Shënim: Nëse e mbani për më shumë se 2 ose 3 ditë në frigorifer, zbërtheni patenën e ftohur dhe grijeni të gjithë peltën e mishit nga sipërfaqja, pasi është pelte ajo që prishet e para. Fshijeni patën të thatë dhe kthejeni në enë për pjekje ose mbështillni në letër të dylluar ose mbështjellës plastik.)

33. Épinards Au Jus; Épinards a La Crème

PËRBËRËSIT:

GATIME PARAPRAKE OSE BLANCHIM

3 paund. spinaq i freskët

Një kazan i madh që përmban 7 deri në 8 litra ujë të vluar me shpejtësi

3½ lugë kripë

Një thikë prerëse prej çeliku inox

SHËRBIMI

2 Tb gjalpë

Një tenxhere ose tigan i emaluar 8 inç me fund të rëndë

1½ lugë miell i situr

1 filxhan lëng viçi, bujoni i konservuar i viçit ose krem i trashë

Kripë dhe piper

1 deri në 2 Tb gjalpë të zbutur

UDHËZIME:

Pritini dhe lani spinaqin. Hidheni një grusht në ujin e vluar, shtoni kripë dhe ziejini ngadalë, pa mbuluar, për 2 deri në 3 minuta, ose derisa spinaqi të jetë i çalë. Kullojeni, derdhni ujë të ftohtë në një kazan për një ose dy minuta, kullojeni përsëri. Me grushte, shtrydhni sa më shumë ujë nga spinaqi. Prisni. Lëreni mënjanë derisa të jeni gati për përdorim. (Bën rreth 3 gota.)

Shkrini gjalpin në tenxhere. Kur të fryjë, shtoni spinaqin e copëtuar dhe përzieni në zjarr mesatarisht të lartë për 2 deri në 3 minuta që të avullojë lagështia. Kur spinaqi sapo fillon të ngjitet në fund të tiganit, ulni nxehtësinë në mesatare dhe përzieni miellin. Gatuani, duke e trazuar, për 2 minuta. Hiqeni nga zjarri dhe përzieni me lëngun, bojën ose kremin. Spërkateni lehtë, lëreni të ziejë, mbulojeni dhe gatuajeni shumë ngadalë për 10 deri në 15 minuta. Përziejini shpesh për të parandaluar djegien. Korrigjoni erëzat, përzieni me gjalpë të zbutur dhe shërbejeni.

34. Carottes Étuvées Au Beurre / Karrota të ziera në gjalpë

PËRBËRËSIT:

5 deri në 6 gota karota të qëruara dhe të prera në feta ose të prera në katër pjesë (rreth 1½ paund.)
Një tenxhere e emaluar me një fund të rëndë prej 2 litrash
1 Tb sheqer i grimcuar
1½ gote uje
1½ lugë gjalpë
½ lugë kripë
Majë piper
2 Tb majdanoz i freskët i grirë
1 deri në 2 Tb gjalpë shtesë

UDHËZIME:

Vendosni karotat në tenxhere me sheqer, ujë, gjalpë, kripë dhe piper. Mbulojeni dhe ziejini ngadalë për rreth 30 minuta, ose derisa karotat të zbuten dhe lëngu të ketë avulluar. Erëza e duhur. Pak përpara se ta servirni, ngroheni duke i hedhur majdanozin dhe gjalpin shtesë.

35. Champignons Farcis / Kërpudha të mbushura

PËRBËRËSIT:

12 kërpudha të mëdha
2 deri në 3 Tb gjalpë të shkrirë
Një enë pjekjeje e cekët
Kripë dhe piper
2 Tb qepë ose qepë të grirë
2 Tb gjalpë
½ lugë miell
½ filxhan krem i trashë
3 Tb majdanoz i freskët i grirë
Kripë dhe piper shtesë
¼ filxhan djathë zviceran i grirë
1 deri në 2 Tb gjalpë të shkrirë

UDHËZIME:

Hiqni kërcellin e kërpudhave dhe rezervoni. Lani dhe thajini kapakët, lyeni me gjalpë të shkrirë dhe rregullojini, me anën e zbrazët lart, në enën e pjekjes. I rregullojmë lehtë me kripë dhe piper.

Lani dhe thajini kërcellet dhe grijini. Me grushte, rrotullojeni në cep të një peshqiri për të nxjerrë sa më shumë lëng që të jetë e mundur. Skuqeni me qepëzat ose qepët në gjalpë për 4 ose 5 minuta derisa copat të fillojnë të ndahen. Uleni zjarrin, shtoni miellin dhe përzieni për 1 minutë. Përzieni kremin dhe ziejini për një ose dy minuta, derisa të trashet. Përzieni majdanozin dhe erëzat. Mbushni kapakët e kërpudhave me këtë përzierje; sipër secilit me 1 lugë çaji djathë dhe lyejeni me pika gjalpë të shkrirë. Lërini mënjanë derisa të jeni gati për të përfunduar gatimin.

Pesëmbëdhjetë minuta ose më shumë përpara se ta shërbeni, piqni në të tretën e sipërme të një furre të parangrohur 375 gradë derisa tapat të jenë të buta dhe mbushja të jetë skuqur lehtë sipër.

36. Escalopes De Veau Sautées a l'Estragon

PËRBËRËSIT:

4 ose më shumë fiston viçi
1½ lugë gjalpë
½ lugë vaj gatimi
Një tigan 10 inç i emaluar ose jo ngjitës
Salca DHE SHËRBIMI
1 Tb qepë ose qepë të grirë
Opsionale: ¼ filxhan Sercial Madeira ose vermut i bardhë i thatë
½ Tb gjethe të thara estragonit
1 filxhan lëng kafe ose bujoni i konservuar i viçit; ose ¼ filxhan lëng dhe 1 filxhan krem të rëndë
Opsionale: 1 filxhan kërpudha, të skuqura më parë në gjalpë për rreth 5 minuta
½ Tb niseshte misri i përzier në një pastë me 1 Tb ujë
Kripë dhe piper
1 lugë gjalpë të butë
Një pjatë e nxehtë për servirje
Degët e majdanozit

UDHËZIME:

Thaji fiston tërësisht në peshqir letre. Nxehni gjalpin dhe vajin në tigan mbi nxehtësinë e lartë. Kur shkuma e gjalpit pothuajse të jetë ulur, por nuk ka marrë ngjyrë, shtoni fiston. Mos i grumbulloni bashkë; gatuajini ato disa nga një nëse është e nevojshme. Skuqeni nga njëra anë për rreth 4 minuta, duke rregulluar nxehtësinë në mënyrë që yndyra të jetë gjithmonë shumë e nxehtë, por jo të skuqet; më pas kthejeni dhe skuqeni mishin nga ana tjetër. Skalopet bëhen kur janë thjesht rezistente ndaj presionit të gishtërinjve tuaj dhe lëngjet bëhen të verdha të qarta kur shpohet mishi. Hiqni fiston në një pjatë anësore dhe bëni salcën si më poshtë:

Hidhni të gjitha, përveç një luge yndyre nga tigani. Shtoni qepka ose qepë dhe përziejeni mbi nxehtësi mesatare për ½ minutë. Më pas shtoni verën opsionale, tarragonin dhe lëngun ose bojën. Grini të gjitha lëngjet e skuqura të mpiksura me një lugë druri dhe ziejini për një moment. (Nëse përdorni krem, shtoni tani.) Ziejeni shpejt për të reduktuar lëngun në rreth ⅔ filxhan. Hiqeni nga zjarri, rrihni në përzierjen e niseshtës së misrit dhe kërpudhave sipas dëshirës. Ziejini, duke e trazuar, për 2 minuta. I rregullojmë lehtë fistonët me kripë dhe piper, i kthejmë në tigan dhe i kalojmë me salcën. Erëza e duhur. Lëreni të pambuluar deri disa minuta para se ta shërbeni.

Pak para se t'i shërbeni, ngrohini në zjarr të ngadaltë, duke i larë fistonët me salcë për një ose dy minuta derisa të nxehen. Hiqeni nga zjarri, vendosni fiston në një pjatë të nxehtë për servirje dhe shtoni gjalpë në salcë në tigan. Rrotulloni tiganin derisa gjalpi të jetë thithur, më pas hidhni salcën mbi fiston. Dekorojeni me majdanoz dhe shërbejeni menjëherë.

37. Escalope De Veau Gratinées

PËRBËRËSIT:

3 Tb gjalpë
Një tenxhere me fund të rëndë prej 2 litrash
4 Tb miell
2 gota lëng të nxehtë viçi ose pule ose bujoni
Një kamxhik teli
½ filxhan qepë të grira hollë, të gatuara më parë në gjalpë derisa të jenë të tejdukshme
1 filxhan kërpudha të prera në feta, të skuqura më parë në gjalpë për rreth 5 minuta
⅓ filxhan krem i trashë
½ filxhan djathë zviceran i grirë
Një enë për pjekje, 2 inç e thellë
Kripë, piper dhe lëng limoni
4 deri në 8 fiston viçi të skuqura më parë ose mish viçi i pjekur në feta
Opsionale: 4 deri në 8 feta proshutë të zier pa dhjamë
1 Tb gjalpë i zbutur

UDHËZIME:

Ngroheni furrën në 375 gradë.
Shkrini gjalpin në një tenxhere, më pas përzieni me miell dhe gatuajeni ngadalë, duke e përzier, për 2 minuta pa u skuqur. Hiqeni nga zjarri. Hidhni të gjithë lëngun e nxehtë ose bojën menjëherë dhe rrihni fuqishëm me një kamxhik teli për t'u përzier. Ziejeni, duke e trazuar, për 1 minutë. Hidhni qepët e ziera dhe ziejini për 5 minuta. Përziejini kërpudhat dhe ziejini për 5 minuta të tjera. Hollojeni me lugë krem, por salca duhet të jetë mjaft e trashë. Erëza e duhur; shtoni dy të tretat e djathit. Lyejeni me pak gjalpë enën për pjekje. Përhapni një ose dy lugë salcë në fund të enës. Kripë dhe piper mish viçi dhe vendoseni në feta të

mbivendosura në një pjatë, me një lugë salcë dhe një fetë proshutë opsionale midis secilës. Mbulojeni me salcën e mbetur, spërkatni djathin e mbetur dhe lyejeni me gjalpë. Lëreni mënjanë ose vendoseni në frigorifer deri rreth ½ orë përpara se ta shërbeni.

Për të përfunduar gatimin, vendoseni në të tretën e sipërme të një furre të parangrohur 375 gradë derisa të marrë flluska dhe pjesa e sipërme të jetë skuqur lehtë. Mos e teproni.

38. Foies De Volaille Sautés, Madeire

PËRBËRËSIT:

1 paund. mëlçitë e pulës (rreth 2 gota)
Kripë dhe piper
½ filxhan miell në një pjatë
Një sitë e madhe
2 Tb gjalpë
1 Tb vaj gatimi
Një tigan i rëndë 10 inç i emaluar ose jo ngjitës
Opsionale: 1 filxhan proshutë të zier të prerë në kubikë, të skuqur më parë në gjalpë dhe/ose 1 filxhan kërpudha të freskëta të prera në katër pjesë, të skuqura më parë në gjalpë
½ filxhan lëng viçi ose supë
⅓ filxhan i thatë Sercial Madeira
1 lugë gjalpë të butë
1 lugë majdanoz i freskët i grirë

UDHËZIME:

Zgjidhni mëlçitë e pulës; prerë çdo filament dhe njolla të zeza ose jeshile (këto shkaktohen nga qesja biliare e cila qëndronte në mëlçi përpara pastrimit). Thajeni në peshqir letre. Pak para gatimit, spërkateni lehtë me kripë dhe piper, mbështilleni në miell, më pas tundeni në një sitë për të hequr miellin e tepërt.

Shkrini gjalpin dhe vajin në tigan në zjarr mesatarisht të lartë. Kur të shihni se shkuma e gjalpit fillon të ulet, shtoni mëlçitë e pulës. Hidheni shpesh për 3 deri në 4 minuta derisa mëlçitë të jenë skuqur lehtë; ato bëhen vetëm kur preken me gishtin tuaj. Mos e teproni. Shtoni proshutën dhe kërpudhat e skuqura sipas dëshirës, hidhni lëngun dhe verën dhe ziejini për 1 minutë. Shijoni dhe erëza korrekte. (Lërini mënjanë deri më vonë nëse nuk jeni gati për t'u shërbyer.)

Ngroheni pak përpara se ta shërbeni, më pas hiqeni nga zjarri dhe hidheni me gjalpin e butë dhe majdanozin.

39. Timbale De Foies De Volaille / Myku i mëlçisë së pulës

PËRBËRËSIT:

PËRZIERJA E KUSTARDIT

1 paund. mëlçitë e pulës (rreth 2 gota)
2 vezë (të klasifikuara në SHBA "të mëdha")
2 te verdha veze
¼ lugë kripë
⅛ lugë piper
1 filxhan salcë e bardhë e trashë (1½ Tb gjalpë, 2 Tb miell dhe 1 filxhan qumësht)
Opsionale: ⅓ filxhan krem të rëndë
2 Tb port, Madeira, ose konjak

PJEKJA DHE SHËRBIMI

Një enë pjekjeje me 4 filxhanë 2¼ deri në 3 inç të thellë, ose 8 gjysmë filxhani ramekins ose gota kremi
1 Tb gjalpë i zbutur
Një tigan me ujë të vluar për të mbajtur një enë pjekjeje ose ramekins
2 gota hollandaise ose béarnaise; ose salcë kremi të aromatizuar me 1 lugë pastë domate dhe tarragon ose majdanoz (shih këtë faqe)

UDHËZIME:

Hidhni mbi mëlçitë e pulës, duke prerë çdo filamente dhe njolla të zeza ose jeshile. I vendosim në kavanozin e një blenderi elektrik me vezët, të verdhat e vezëve, kripën dhe piperin dhe i përziejmë për 1 minutë. Shtoni salcën e bardhë dhe verën ose konjakun, përziejini edhe për 15 sekonda dhe kullojini përmes një sitë në një tas. (Ose bëni pure mëlçitë e pulës përmes një mulli ushqimi ose mulli mishi në një tas, rrihni në pjesën tjetër të përbërësve dhe shtyjeni përmes një sitë.)
Ngroheni furrën në 350 gradë.

Lyejeni një film të lehtë me gjalpë brenda një ene pjekjeje ose ramekins dhe mbusheni me përzierjen e mëlçisë deri në $\frac{1}{8}$ inç nga sipër. Kur të jetë gati për t'u pjekur, vendoseni në një tavë me ujë të vluar dhe më pas vendoseni në furrën e parangrohur në nivelin e mesëm. Rregulloni ujin në tigan që të ziejë pothuajse, por jo mjaft. Dajmi bëhet kur tregon një vijë shumë të zbehtë tkurrjeje nga ena dhe kur një thikë e zhytur në qendër del e pastër. Lëreni rreth 30 minuta në furrë për një timbal të bërë në një enë pjekjeje; rreth 20, nëse përdorni ramekins. (Nëse nuk shërbehet menjëherë, lëreni në një tigan me ujë në furrën e fikur, me derën hapur - ose ngroheni nëse është e nevojshme.)

Për të zbërthyer një timbal të bërë në një enë pjekjeje, lëreni të qëndrojë për 5 minuta nëse sapo keni mbaruar pjekjen dhe më pas kaloni një thikë rreth skajit të timbalit. Kthejeni përmbys një pjatë të nxehtë të nxehtë të lyer me gjalpë përmbys mbi kallëp, më pas kthejeni të dyja, duke dhënë një hov të mprehtë poshtë dhe timba do të bjerë në vend. Për të zbërthyer ramekinët, kaloni një thikë rreth skajit të secilës dhe shpërndajeni në pjata të nxehta ose në një pjatë, duke i dhënë një hov të mprehtë poshtë secilit pikërisht në fund.

Hidhni salcën mbi dhe rreth timbalit ose ramekins dhe shërbejeni menjëherë, duke kaluar pjesën tjetër të salcës në një tas të ngrohur.

Timbales janë më të mirat si një pjatë e veçantë, me bukë të nxehtë franceze dhe një Burgundy, Graves ose Traminer të bardhë të ftohtë.

40. Canard a l'Orange / Roast Roast me Salce Portokalli

PËRBËRËSIT:
stoku për salcë
- Skajet e krahëve të rosës, qafa, gjilpërat
- 2 Tb vaj gatimi
- 1 karotë mesatare, e prerë në feta
- 1 qepë mesatare, e prerë në feta
- 1 filxhan bujon viçi
- 2 gota ujë
- 4 degë majdanozi, 1 gjethe dafine dhe $\frac{1}{4}$ luge sherebele

Lëvorja e portokallit
- 4 portokall me ngjyra të ndezura, kërthizë ose Valencia, nëse është e mundur
- 1 litër ujë

Pjekja e rosës
- Koha e pjekjes: 1 orë e 30 deri në 40 minuta.
- Një 5-lb. rosë e gatshme për gatim
- $\frac{1}{2}$ lugë kripë
- $\frac{1}{8}$ lugë piper
- ⅓ lëvozhgën e përgatitur të portokallit
- Një tigan i cekët për pjekje me raft, mjaftueshëm i madh për ta mbajtur rosën me lehtësi

VAZHDOJMË ME salcën; SEGMENTET E PORTOKALIT
- 3 Tb sheqer të grimcuar
- $\frac{1}{4}$ filxhan uthull vere të kuqe
- 2 gota me lëng rosë
- 2 Tb arrowroot e përzier me portin 2 Tb
- Pjesa tjetër e lëvozhgës së portokallit dhe portokallit

MONTIMI DHE SHËRBIMI PËRFUNDIMTARE
- $\frac{1}{2}$ filxhan port të thatë
- Baza e salcës së përgatitur
- 2 deri në 3 Tb liker portokalli
- Pika të hidhura portokalli ose lëng limoni

- 2 deri në 3 Tb gjalpë të zbutur

UDHËZIME:

a) Pritini skajet e krahut të rosës, qafën dhe gjilpërat në copa 1 inç. Skuqeni në një tigan në vaj gatimi të nxehtë me karotën dhe qepën e prerë në feta. Transferoni në një tenxhere të rëndë, shtoni supë dhe ujë të mjaftueshëm për të mbuluar me 1 inç. Lërini të ziejnë, hiqni llumin, më pas shtoni barishtet dhe ziejini për 2 deri në 2 orë e gjysmë. Kullojeni, hiqni të gjithë yndyrën dhe ziejini derisa të keni 2 gota lëngje. Kur të ftohet, mbulojeni dhe vendoseni në frigorifer derisa të jetë e nevojshme.

b) Duke përdorur një qërues perimesh, hiqni vetëm pjesën portokalli të lëkurës në shirita. Pritini në julienne të imta (shirita të vegjël jo më shumë se 1/16 inç të gjerë dhe $1\frac{1}{2}$ inç të gjatë). Ziejini për 15 minuta në 1 litër ujë, për të hequr hidhërimin; më pas kullojeni, shpëlajeni në ujë të ftohtë dhe thajeni në peshqir letre. Një pjesë e lëvozhgës shkon në salcë; pjesë, brenda rosës. Mbështilleni me letër të depiluar dhe vendoseni në frigorifer nëse nuk jeni gati ta përdorni. Mbështilleni dhe vendosini në frigorifer deri më vonë portokallet e qëruara pjesërisht.

c) Përgatitni rosën siç përshkruhet në fillim të recetës; thajeni mirë, rregulloni zgavrën me kripë dhe piper dhe shtoni lëkurën e portokallit. Mblidhni krahët dhe këmbët në trup dhe mbyllni zgavrën. Për kohën e saktë, rosa duhet të jetë në temperaturën e dhomës.

d) Nëse jeni duke e pjekur rosën në një hell rrotullues, përdorni nxehtësi mesatarisht të lartë. Për pjekjen në furrë, ngroheni paraprakisht në 450 gradë dhe vendoseni gjoksin e rosës në raft në tavë për pjekje; pas 15 minutash, uleni furrën në 350 gradë, më pas kthejeni rosën nga njëra anë në tjetrën çdo 15 minuta dhe mbi shpinë për 15 minutat e fundit. Basting nuk është e nevojshme.

e) Për të kuptuar se kur ka mbaruar rosën, shponi thellë pjesën më të trashë të daulles me një pirun: lëngjet duhet të rrjedhin pak rozë për t'u pastruar; kur rosa kullohet, pikat e fundit të lëngut nga ndenja duhet të rrjedhin pak rozë në të verdhë të qartë.

f) Përzieni sheqerin dhe uthullën në një tenxhere të vogël, rrotullojeni mbi nxehtësi që të shkrihet plotësisht sheqeri, më pas zieni me shpejtësi derisa masa të marrë një ngjyrë karamel në kafe. Hiqeni nga zjarri dhe rrihni gjysmën e lëngut të rosës; ziejmë duke e trazuar për të tretur karamelin. Hiqeni nga zjarri, derdhni pjesën tjetër të lëngut të rosës dhe përziejeni në përzierjen me shigjeta. Shtoni lëkurën e portokallit dhe ziejini për 3 deri në 4 minuta; korrigjoni me kujdes erëzat. Salca do të jetë pak e trashur dhe e qartë.

g) Pak përpara se ta shërbeni, prisni pjesën e bardhë të qëroni portokallit dhe më pas pritini portokallet në segmente të rregullta dhe pa lëkurë—nëse bëhen shumë përpara, segmentet nuk do të kenë shije të freskët. Lëreni në frigorifer në një tas të mbuluar deri në kohën e servirjes.

h) Kur rosat të jenë gati, vendoseni në pjatën e servirjes dhe hidhni fijet e kapakëve; mbajeni të ngrohtë në furrën e fikur derisa të jeni gati për t'u shërbyer. Hidhni yndyrën me lugë nga tigani për pjekje, derdhni verën portuale dhe grijini të gjitha lëngjet e mpiksura të pjekjes me një lugë druri. Hidheni përzierjen në salcë dhe lëreni të ziejë duke shtuar liker portokalli. Shijoni me kujdes; shtoni pika të hidhura ose lëng limoni nëse salca duket shumë e ëmbël. Pak përpara se ta shërbeni, hiqeni nga zjarri dhe lyeni me gjalpë, një lugë gjelle.

i) Zbukuroni gjoksin e rosës me segmente portokalli dhe grumbulloni pjesën tjetër të segmenteve në të dy skajet e pjatës; Hidhni me lugë pak salcë dhe qëroni rosën, pjesën tjetër e derdhni në një tenxhere të ngrohtë dhe e shërbeni.

41. Canard a La Montmorency

PËRBËRËSIT:

1 Tb lëng limoni
3 Tb port ose konjak
Sheqer për shije (2 deri në 3 Tb)
4 gota pelte mishi me shije vere ne nje tenxhere
Një pjatë shërbimi 12 inç
Një £ 4½. rosë e pjekur, e ftohur dhe e gdhendur në copa shërbyese

UDHËZIME:

Hidhini qershitë në një tas me lëng limoni, port ose konjak dhe sheqer. Lërini të macerojnë (të pjerrëta) për 20 deri në 30 minuta. Më pas shtojmë qershitë dhe lëngjet e tyre të macerimit te pelte e mishit. Nëse përdorni qershi të freskëta, ngrohni në zjarr të ngadaltë për 3 deri në 4 minuta për të zier butësisht pa shpërthyer; ngroheni 1 minutë vetëm për qershitë e konservuara. Kullojeni dhe ftohni.

Hidhni një shtresë ⅛ inç pelte të ngrohtë në një pjatë dhe ftohuni për 15 deri në 20 minuta derisa të vendoset. Qëroni lëkurën nga rosa e gdhendur dhe rregulloni copat e rosës në një dizajn tërheqës mbi një shtresë pelte të ftohtë në pjatë. Hidhni një shtresë pelte me shurup të ftohtë mbi rosë (shtresa e parë nuk do të ngjitet shumë mirë), ftohni për 10 minuta dhe përsëriteni me shtresa të njëpasnjëshme derisa të keni një shtresë 1/16 inç.

Zhytini qershitë e ftohta në pak pelte me shurup, vendosini mbi rosë dhe ftohini sërish derisa të vendoset. Hidhni një ose dy shtresa të fundit pelte mbi rosë dhe qershi. Hidheni peltenë e mbetur në një pjatë, ftohni, copëtoni dhe hidheni me lugë rreth rosës. Nëse keni pelte shtesë, mund të dëshironi gjithashtu të bëni më shumë dekorime me prerje pelte. Lëreni rosën në frigorifer deri në kohën e servirjes - mund ta plotësoni pjatën një ditë përpara.

42. Homard a l'Américaine

PËRBËRËSIT:
SAUTÉING THE LOBSTER

Tre 1½-lb. karavidhe të gjalla

3 Tb vaj ulliri

Një tigan ose tavë e rëndë e emaluar 12 inç

Ziejnë në verë dhe aromatizues

1 karotë mesatare, e prerë hollë

1 qepë mesatare, të prerë hollë

Kripë dhe piper

3 Tb qepë ose qepë të grirë

1 thelpi hudhër pure

⅓ filxhan konjak

1 paund. domate, të qëruara, me fara, me lëng dhe të prera; ose ⅓ filxhan salcë domate të thjeshtë

2 Tb pastë domate, ose më shumë salcë domate nëse është e nevojshme

1 filxhan lëng peshku ose ⅓ filxhan lëng molusqesh

1 filxhan vermut të bardhë të thatë

½ filxhan lëng viçi ose supë

2 Tb majdanoz i grire

1 lugë gjelle tarragon të thatë, ose 1 lugë gjelle tarragon të freskët

PËRFUNDIMI I karavidhes

Korali i karavidheve dhe lënda e gjelbër

6 Tb gjalpë të zbutur

Një sitë e vendosur mbi një tas prej 2 litrash

Një lugë druri

SHËRBIMI

Një unazë orizi të zier në avull ose rizoto në një pjatë të nxehtë, të lyer pak me gjalpë

2 deri në 3 Tb majdanoz i grirë, ose majdanoz dhe tarragon i freskët

UDHËZIME:

Përgatitni karavidhet siç përshkruhet në paragrafin e mëparshëm. Ngrohni vajin në tigan derisa të nxehet shumë, por të mos pihet duhan. Shtoni copat e karavidheve, me anën e mishit, dhe kaurdisini për disa minuta, duke i kthyer ato, derisa lëvozhgat të marrin ngjyrë të kuqe të ndezur. Hiqeni karavidhe në një pjatë anësore.

Ngroheni furrën në 350 gradë.

Përzieni karotën dhe qepën e prerë në kubikë në tigan dhe gatuajeni ngadalë për 5 minuta ose derisa pothuajse të zbuten. I rregullojmë karavidhen me kripë dhe piper, kthejmë në tigan dhe shtojmë qepujt ose qepët dhe hudhrat. Me një tigan në zjarr të moderuar, derdhni konjakun. Hiqni fytyrën tuaj, ndezni konjakun me një shkrepës të ndezur dhe tundeni tiganin ngadalë derisa flakët të jenë qetësuar. Përzieni pjesën tjetër të përbërësve, lëreni të ziejë, mbulojeni dhe gatuajeni ngadalë ose sipër sobës ose në nivelin e mesëm të një furre të parangrohur. Rregulloni nxehtësinë në mënyrë që karavidhe të ziejë në heshtje për 20 minuta.

Ndërsa karavidhe po ziejë, futni koralin dhe lëndën jeshile të karavidheve me gjalpë përmes sitës dhe në tas. Le menjane.

Kur karavidhe të jetë gati, hiqeni atë në një pjatë anësore. (Nëse duhet, hiqeni mishin nga lëvozhga.) Vendoseni tiganin me lëngun e zierjes në zjarr të fortë dhe zieni me shpejtësi derisa salca të jetë pakësuar dhe trashur pak; do të trashet më shumë kur të shtohet më vonë përzierja e gjalpit dhe koralit. Shijoni me shumë kujdes për erëza. Kthejeni karavidhen në salcë.

Receta mund të përfundojë deri në këtë pikë dhe të përfundojë më vonë.

E vëmë karavidhen të ziejë derisa të nxehet mirë. Hiqeni nga zjarri. Rrihni gjysmë filxhani të salcës së nxehtë me pika në përzierjen e koralit dhe gjalpit, më pas hidheni përzierjen përsëri mbi karavidhe. Shkundni dhe rrotulloni tiganin mbi nxehtësinë e ulët për 2 deri në 3 minuta që të ziejnë koralet dhe të trashet salca, por mos e zieni.

Rregulloni karavidhen dhe salcën në unazën e orizit, dekorojeni me barishte dhe shërbejeni menjëherë. Një verë e bardhë e fortë dhe e thatë, si ajo e Burgundy ose Côtes du Rhône, do të ishte zgjedhja juaj më e mirë.

43. Potee Normande: Pot-Au-Feu

PËRBËRËSIT:
MISHI DHE MISHI DERRI OSE MISHI
- Një kazan mjaft i madh për të mbajtur të gjithë përbërësit e listuar në recetë
- Një 4-lb. rosto në tenxhere pa kocka
- Një 4-lb. shpatulla derri ose viçi pa kocka
- 2 secila brinjë selino, karrota, qepë
- 1 paund. kockat e viçit dhe viçit, të plasaritura
- Një buqetë e madhe me barishte: 8 degë majdanozi, 6 kokrra piper, 4 karafil, 3 thelpi hudhër, 2 lugë trumzë, 2 gjethe dafine, të gjitha të lidhura me napë të larë
- 2 Tb kripë

PULË DHE MBUSHJE
- 4 filxhanë bukë të bardhë të ndenjur
- Një tas i madh përzierës
- $\frac{1}{4}$ deri në $\frac{1}{2}$ filxhan builon ose qumësht
- $\frac{1}{4}$ filxhan gjalpë të shkrirë
- $\frac{1}{4}$ filxhan proshutë të zier të prerë në kubikë
- 3 ons ($\frac{1}{2}$ paketë) krem djathi
- $\frac{1}{2}$ lugë trumzë
- 1 vezë
- Mëlçia e copëtuar e pulës, zemra dhe gjilpëra e qëruar, të skuqura më parë në gjalpë me $\frac{2}{3}$ filxhan qepë të grira
- Kripë dhe piper për shije
- Një 4-lb. zierje e pulës

GARNISH ME PERIME DHE SUSHUC
- Karota, të qëruara dhe të prera në katër pjesë
- Rrepat, të qëruara dhe të prera në katër pjesë
- Qepë, të qëruara, skajet e rrënjëve të shpuara
- Preshi, i prerë në 6 deri në 8 inç të gjatë, pjesa e gjelbër e ndarë për së gjati, e larë mirë
- Suxhuk i plotë polak ose salsiçe individuale italiane

UDHËZIME:

a) Lidheni mirë mishin e viçit dhe derrit ose viçit; në secilën pjesë të mishit, lidhni një fije të gjatë sa të fiksohet në dorezën e kazanit. Vendoseni viçin në kazan; lidhni fije për të trajtuar. Shtoni perimet, kockat, buqetën me barishte dhe kripën dhe mbulojeni me ujë të ftohtë për 6 inç. E lëmë të ziejë, e heqim llumin dhe e ziejmë për 1 orë. Më pas shtoni mishin e viçit ose derrit.

b) Vendosni thërrimet e bukës në një tas, njomni me pak bujon ose qumësht, më pas rrahim gjalpin, proshutën, djathin, trumzën, vezën dhe gjilpërat dhe i rregullojmë sipas shijes me kripë dhe piper. Mbushni dhe lidhni pulën, lidhni një fije të gjatë në të, vendoseni në kazan dhe lidhni fundin e fijes në dorezë. Kthejeni kazanin shpejt të ziejë, duke e skremuar sipas nevojës.

c) Përgatitni perimet dhe lidhni secilin grup në napë të larë; shtoni në kazan 1 orë e gjysmë para përfundimit të kohës së parashikuar të zierjes. Shtoni salsiçe, ose salsiçe (të lidhura me napë), $\frac{1}{2}$ orë para përfundimit.

d) Mishi dhe pula bëhen kur një pirun e shpon mishin lehtësisht. Nëse potee është bërë para se të jeni gati, do të qëndrojë e ngrohtë për 45 minuta të mira, ose mund të ringrohet.

SHËRBIMI

e) Për t'i shërbyer, kullojeni mishin, prisni dhe hidhni fijet dhe rregulloni mishin dhe pulën në një pjatë të madhe të nxehtë. Shpërndani perimet përreth, spërkatni me majdanoz dhe lyejini me pak nga lëngu i gatimit. Kullojeni dhe hiqni yndyrën një tas me lëng gatimi për ta shërbyer me pjatën.

f) Shoqëruese të sugjeruara: oriz i zier ose patate; salcë domate, kaperi ose rrikë; Kripë Kosher; turshi; Buke franceze; verë e kuqe ose roze.

44. Filets De Poisson En Soufflé

PËRBËRËSIT:
GJETJA E PESHKVE
- ½ paund. fileto pa lëkurë ose fileto tabani
- Një tenxhere e emaluar ose prej çeliku inox
- ½ filxhan vermut të bardhë të thatë
- plus ujë, ose 1½ filxhan lëng peshku me verë të bardhë
- 1 Tb qepe të grira, qepë të njoma ose qepë
- Kripë dhe piper

PËRZIERJA SOUFLE
- 2½ lugë gjalpë
- 3 Tb miell
- Një tenxhere 2½ litërshe
- ¾ filxhan qumësht të nxehtë
- Kripë, piper dhe arrëmyshk
- 1 e verdhe veze
- 5 të bardha veze të rrahura fort
- ½ filxhan djathë zviceran i grirë trashë

UDHËZIME:
a) Vendoseni peshkun në tenxhere me vermutin ose lëngun e peshkut dhe ujë të ftohtë sa të mbulohet. Shtoni shallots dhe erëza.

b) Ziejini pa mbuluar për rreth 6 minuta, ose derisa peshku sapo të jetë gatuar; hiqni peshkun në një pjatë anësore. Ziejeni me shpejtësi lëngun e gatimit derisa të keni rreth ½ filxhan; gjysmën e rezervoni për përzierjen e suflesë dhe pjesën tjetër për salcën.

c) Gatuani gjalpin dhe miellin së bashku në tenxhere për 2 minuta pa ngjyrosur. Hiqeni nga zjarri. Rrihni qumështin e nxehtë me një kamxhik teli, më pas ¼ filxhan me lëngun e gatimit të peshkut. Lëreni të vlojë, duke e përzier, për 1 minutë. Hiqeni nga zjarri. Rrihni në të verdhën e vezës.

Përzieni një të katërtën e të bardhëve të vezëve të rrahura, më pas palosni me delikatesë pjesën tjetër të të bardhëve të vezëve dhe të gjitha, përveç 2 lugëve djathë.

PJEKJA E SOUFFLÉ

d) Ngroheni furrën në 425 gradë.
e) Lyejeni pak gjalpë një pjatë ovale të papërshkueshme nga zjarri rreth 16 inç të gjatë. Përhapni një shtresë $\frac{1}{4}$ inç me përzierje sufle në fund të pjatës. Filetat e peshkut të ziera dhe i ndajmë në 6 pjesë në pjatë. Mblidhni pjesën tjetër të përzierjes së suflesë mbi peshk, duke bërë 6 grumbuj.
f) Spërkateni me djathin e mbetur dhe vendoseni në një raft në të tretën e sipërme të furrës së parangrohur. Piqni për 15 deri në 18 minuta, ose derisa suflaja të jetë fryrë dhe skuqur sipër.

45. Cassoulet

PËRBËRËSIT:
fasulet
- Një kazan me 8 litra që përmban 5 litra ujë që zien me shpejtësi
- 5 gota (2 lbs.) fasule të bardha të thata (Kalifornia e Madhe Veriore ose e vogël e bardhë)
- $\frac{1}{2}$ paund. lëkura e derrit të freskët ose të kripur
- 1 paund. mish derri pa kripe zihet për 10 minuta në 2 litra ujë
- Një tenxhere e rëndë
- 1 filxhan qepë të prera në feta
- Një buqetë e madhe me barishte: 8 degë majdanozi, 4 thelpinj hudhër të paqëruar, 2 thelpinj, $\frac{1}{2}$ lugë trumzë dhe 2 gjethe dafine të gjitha të lidhura me napë të larë
- Kripë

DIRRI
- $2\frac{1}{2}$ paund. rosto derri me kocka (ijë ose shpatull), yndyra e tepërt hiqet

QENGJI
- $2\frac{1}{2}$ paund. shpatulla e qengjit me kocka
- 3 deri në 4 TB vaj gatimi
- Një tavë e rëndë kundër zjarrit ose një tigan i madh
- 1 paund. kockat e qengjit të plasaritura
- 2 gota qepe te grira
- 4 thelpinj hudhra të grira
- 6 TB pastë domate
- $\frac{1}{2}$ lugë trumzë
- 2 gjethe dafine
- 2 gota vermut të bardhë të thatë
- 3 gota bujone viçi
- 1 gotë ujë
- Kripë dhe piper

Ëmbëlsira me suxhuk shtepie
- 1 paund. (2 gota) mish derri i bluar pa dhjamë
- ⅓ lb. (⅔ filxhan) yndyrë derri të freskët dhe të bluar
- 2 lugë kripë
- ⅛ lugë piper
- Spice e madhe majë
- ⅛ lugë gjelle dafine e grimcuar
- Një thelpi i vogël hudhër i grirë
- Opsionale: ¼ filxhan konjak ose armagnak dhe/ose 1 tartuf i vogël i copëtuar dhe lëng nga kanaçe

KUVENDI PËRFUNDIMTARE
- 2 filxhanë bukë të thatë të bardhë
- ½ filxhan majdanoz i grirë
- Një tavë ose enë pjekjeje prej 8 litrash kundër flakës 5 deri në 6 inç të lartë
- 3 Tb yndyrë derri të pjekur ose gjalpë të shkrirë

UDHËZIME:
a) Hidhini fasulet në ujin e vluar. E kthejmë shpejt në valë dhe e ziejmë për 2 minuta. Hiqeni nga zjarri dhe lërini fasulet të ziejnë për 1 orë. Ndërkohë, vendosni lëkurën e derrit në një tenxhere me 1 litër ujë, lëreni të vlojë dhe ziejini për 1 minutë. Kullojeni, shpëlajeni me ujë të ftohtë dhe përsërisni procedurën. Pastaj, me gërshërë, prisni lëkurën në shirita ¼ inç të gjerë; prerë shirita në trekëndësha të vegjël. Vendoseni sërish në tenxhere, shtoni 1 litër ujë dhe ziejini shumë ngadalë për 30 minuta; lëreni mënjanë tenxheren.

b) Sapo fasulet të jenë njomur për 1 orë, shtoni në kazan kripën e mishit të derrit, qepëve, paketën e barishteve dhe lëkurën e derrit me lëngun e zierjes. Lërini të ziejnë, hiqni llumin dhe ziejini ngadalë, pa mbuluar, për rreth 1 orë e gjysmë ose derisa fasulet të zbuten. Shtoni ujë të valë, nëse është e nevojshme gjatë zierjes, për të mbajtur fasulet të mbuluara. Sezoni sipas shijes me kripë afër fundit të gatimit. Lërini fasulet në lëng gatimi derisa të jenë gati për t'u përdorur.

c) Piqni mishin e derrit në një temperaturë të brendshme prej 175 gradë. Lërini mënjanë, duke rezervuar lëngjet e gatimit.

d) Pritini mishin e qengjit në copa 2 inç, thajeni mirë dhe skuqeni disa copa në një kohë në vaj gatimi shumë të nxehtë në një tavë rezistente ndaj zjarrit ose në një tigan të madh. Hiqeni mishin në një pjatë anësore, skuqni kockat, hiqni ato dhe skuqni pak qepët. Kulloni yndyrën e skuqur, ktheni mishin dhe kockat dhe përzieni hudhrën, pastën e domates, trumzën, gjethet e dafinës, verën dhe bojën. Lëreni të ziejë, aromatizoni lehtë, mbulojeni dhe ziejini ngadalë për 1 orë e gjysmë. Hidhni kockat dhe gjethet e dafinës, hiqni yndyrën dhe rregulloni lëngjet e gatimit sipas shijes me kripë dhe piper.

e) Rrihni të gjithë përbërësit së bashku; formoni ëmbëlsira me diametër 2 inç dhe trashësi $\frac{1}{2}$ inç. E skuqim lehtë në një tigan dhe e kullojmë në peshqir letre.

f) Kullojini fasulet, hidhni paketën me barishte dhe prisni mishin e derrit të kripur në feta shërbimi $\frac{1}{4}$ inç. Pritini mishin e derrit të pjekur në copa shërbimi $1\frac{1}{2}$ deri në 2 inç. Vendosni një shtresë fasule në fund të tavës ose enës së pjekjes. Mbulojeni me një shtresë qengji, derri, mish derri me kripë dhe ëmbëlsira me sallam. Përsëriteni me shtresa fasule dhe mish, duke përfunduar me një shtresë ëmbëlsirash me sallam.

g) Hidhni lëngjet e gatimit të qengjit, lëngjet për pjekjen e derrit dhe lëngun e mjaftueshëm për gatimin e fasuleve që mezi të mbulojnë shtresën e sipërme të fasuleve. Përzieni thërrimet e bukës dhe majdanozin së bashku, shpërndani mbi fasulet dhe ëmbëlsirat e sallamit dhe lyeni me yndyrë ose gjalpë. Lëreni mënjanë ose vendoseni në frigorifer derisa të jeni gati për gatimin përfundimtar.

PJEKJE

h) Ngroheni furrën në 400 gradë.
i) Vendoseni tavën të ziejë sipër sobës, më pas vendoseni në të tretën e sipërme të furrës së parangrohur. Kur pjesa e sipërme të ketë formuar lehtë kore, për rreth 20 minuta, uleni furrën në 350 gradë. Thyejmë koren e fasuleve me pjesën e pasme të një luge dhe lyejmë me lëngun në tavë.
j) Përsëriteni disa herë derisa të krijohet përsëri korja, por lëreni një kore të fundit të paprekur për servirje. Nëse lëngu bëhet shumë i trashë, shtoni disa lugë lëng të zierjes së fasules. Cassoulet duhet të piqet për rreth një orë.

46. Coulibiac De Saumon En Croûte

PËRBËRËSIT:
BRUMI I PASTËRIVE
- 4 filxhanë miell për të gjitha përdorimet (të situr direkt në çdo filxhan dhe të niveluar me thikë)
- Një tas i madh përzierës
- 1¾ shkopinj (7 ons) gjalpë të ftohur
- 4 Tb shkurtues perimesh të ftohta
- 2 lugë kripë të tretur në ¾ filxhan ujë të ftohtë
- 1 ose më shumë Tb ujë të ftohtë, sipas nevojës
- 2 Tb gjalpë të zbutur (për mbulesë)

ORIZI
- 2 Tb qepë të grira
- 2 Tb gjalpë
- Një tenxhere e rëndë prej 2 litrash
- 1½ filxhan oriz të thatë, të papërpunuar, të thjeshtë
- 3 gota bujon peshku ose pule
- Kripë dhe piper

KOPERTI I SIPËR (PËSTËRORË E SHUMËS, OSE PASTËRORË ME RREGULLIM)
- 2 Tb gjalpë të zbutur

SALMONI DHE KËRPUDHA
- 2 gota kërpudha të prera imët, të skuqura më parë në gjalpë
- ½ filxhan qepë ose qepë të grirë hollë
- 2 Tb gjalpë
- ½ filxhan vermut të bardhë të thatë
- ¼ filxhan konjak
- 2½ filxhanë salmon pa lëkurë dhe kocka, të konservuar ose të gatuar më parë
- ½ filxhan majdanoz i freskët i grirë
- 1 lugë gjelle rigon ose tarragon
- Kripë dhe piper

MBUSHJA DHE DEKORIMI I KASIT
- 2 gota salcë kremi me aromë të mirë, duke përfshirë lëngjet e salmonit, nëse ka
- Glazurë me vezë (1 vezë e rrahur me 1 lugë ujë)

UDHËZIME:
a) Vendosni miellin në një tas për përzierje dhe përpunoni gjalpin e ftohur dhe shkurtimin në të me një blender pastiçerie ose me majat e gishtave derisa masa të ngjajë me miell misri të trashë. Me gishtat e njërës dorë, përzieni shpejt me ujë, duke shtypur brumin së bashku, duke shtuar më shumë ujë me pika nëse është e nevojshme, për të bërë një brumë të lakueshëm, por jo të lagësht dhe ngjitës.

b) Mblidheni atë në një top, vendoseni në një dërrasë dhe shtyjini me shpejtësi dy copa lugë të tij jashtë dhe larg jush me thembra të dorës në një njollë 6 inç. Kjo përbën përzierjen përfundimtare të yndyrës dhe miellit. Shtypeni në një top, mbështilleni me letër të depiluar dhe ftohni për 2 orë ose derisa të forcohet.

RASTI I FUNDIT
c) Ngroheni furrën në 425 gradë.

d) Rrokullisni dy të tretat e brumit në një drejtkëndësh $\frac{1}{8}$ inç të trashë dhe mjaftueshëm të madh për t'u përshtatur në pjesën e poshtme të jashtme të një tepsi 13 deri në 14 inç të gjatë dhe 3 inç të gjerë. Lyejeni gjalpin jashtë tavës, kthejeni përmbys dhe vendoseni brumin mbi të, duke e lënë brumin të zbresë në një thellësi prej 2 inç. Pritini brumin në mënyrë të barabartë rreth e qark dhe shpojeni të gjithë me gishtat e një piruni. Piqeni për 6 deri në 8 minuta në një furrë të nxehur më parë, derisa brumi të jetë bllokuar dhe të fillojë të ngjyroset. Hiqeni dhe zbërtheni në një raft.

e) Rrotulloni brumin e mbetur në një drejtkëndësh, lyeni gjysmën e poshtme me 1 lugë gjelle gjalpë të zbutur dhe paloseni gjysmën e sipërme për ta mbuluar me pjesën e poshtme. Përsëriteni me një lugë tjetër gjalpë. Mbështilleni me letër të dylluar dhe ftoheni.

f) Kaurdisni qepët në gjalpë në tenxhere për 5 minuta pa i lënë të skuqen. Hidhni orizin, gatuajeni ngadalë për disa minuta derisa kokrrat të marrin ngjyrë qumështi, më pas përzieni në bojonin. Lëreni të vlojë, përzieni një herë, më pas mbulojeni tiganin dhe gatuajeni në një zierje mesatarisht të shpejtë pa e përzier për rreth 18 minuta, derisa orizi të ketë thithur lëngun. Fryni lehtë me një pirun dhe rregulloni me kripë dhe piper. (Mund të bëhet paraprakisht.)

g) Ziejini qepujt ose qepët ngadalë në gjalpë për 2 minuta; përzieni kërpudhat, vermutin dhe konjakun dhe ziejini për disa minuta që të avullojë alkooli. Më pas përzieni salmonin, majdanozin dhe tarragonin dhe ngrohni për disa minuta për të përzier shijet. I rregullojmë sipas shijes me kripë dhe piper. (Mund të bëhet paraprakisht.)

h) Ngroheni furrën në 425 gradë.

i) Vendosni kutinë e pastiçerisë në një tepsi të lyer pak me gjalpë. Vendosni një shtresë orizi në fund të kutisë, mbulojeni me një shtresë kërpudhash dhe salmon, më pas me një shtresë salcë. Përsëriteni me shtresa orizi, salmon dhe salcë, duke grumbulluar mbushjen tuaj në një kupolë nëse e tejmbush kutinë.

j) Rrokullisni brumin e rezervuar për kapakun tuaj të sipërm në një drejtkëndësh $1\frac{1}{2}$ inç më të gjatë dhe më të gjerë në secilën anë se kutia juaj e pastiçerisë. Lyejini anët e kutisë me vezë të rrahur, vendoseni në mbulesën e brumit dhe shtypeni me këllëf, që të mbyllet fort. Hapni brumin e mbetur; prerë në forma të zbukuruara. Lyeni mbulesën me glazurë veze, ngjitni dekorime dhe lyeni me vezë.

k) Vizatoni gishtat e një piruni mbi glazurën e vezëve për të bërë shenja të kryqëzimit. Hapni 2 vrima prej një të tetë inç në mbulesën e brumit dhe futni hinkë letre ose fletë metalike; këto do të lejojnë që avulli të dalë. (Nëse dëshironi të mbushni dhe dekoroni kutinë paraprakisht, hiqni glazurën e vezëve, duke e përdorur atë vetëm për të ngjitur dekorime. Lëreni në frigorifer deri në kohën e pjekjes dhe më pas lyejeni me vezë.)

l) Piqeni në nivelin e mesëm të furrës së parangrohur për 45 deri në 60 minuta (më gjatë nëse kasa është ftohur) derisa pasta të skuqet mirë dhe të mund të dëgjoni zhurma flluskash që dalin nëpër hinka.

SHËRBIMI

m) Ju ndoshta do të dëshironi një salcë me këtë; ka nevojë për pak njomje ndërsa e hani - gjalpë të shkrirë, gjalpë limoni, salcë kremi të lehtë me aromë limoni, holandezë tallëse. Bizelet e lyera me gjalpë shkojnë bukur me të, ose një sallatë me perime jeshile ose të përziera.

n) Shërbejeni një verë të bardhë Burgundy ose Traminer.

47. Veau Sylvie

PËRBËRËSIT:
PRERJA DHE MARINIMI I MISHIT
- Një rosto viçi pa kocka 3½ kile

PËRBËRËSIT MARINADE
- ⅓ filxhan konjak
- ⅓ filxhan i thatë Sercial Madeira
- ½ filxhan secila me karota dhe qepë të prera në feta
- Një buqetë e madhe barishte: 4 degë majdanozi, 1 gjethe dafine, ½ lugë trumzë dhe 4 kokrra piper të lidhur në napë të larë

MBUSHJA E MISHIT
- 6 ose më shumë feta proshutë të zier 1/16 inç të trashë
- 12 ose më shumë feta djathi zviceran 1/16 inç të trashë
- Nëse mund ta gjeni ose ta porosisni: Një copë dhjamë prej derri (caul derri)
- Varg i rëndë i bardhë

KAQJA E Pjekjes
- 3 Tb gjalpë
- 1 Tb vaj gatimi
- Një tavë e mbuluar ose pjekje e madhe sa për të mbajtur mishin

PJEKJA E MISHIT
- ½ lugë kripë
- ⅛ lugë piper
- 2 rripa proshutë yndyrore të ziera për 10 minuta në 1 litër ujë, të shpëlarë dhe të tharë (ose një rrip suet)
- Një copë letër alumini

Salca DHE SHËRBIMI
- Një pjatë e nxehtë për servirje
- 1 filxhan lëng viçi ose supë
- 1 Tb niseshte misri i përzier në një tas të vogël me 2 Tb Madeira ose lëng

- 2 Tb gjalpë të zbutur

UDHËZIME:

a) Bëni një seri prerjesh të thella, paralele në pjekje, rreth 1 inç larg njëra-tjetrës, duke filluar nga maja e pjekjes dhe duke shkuar me kokërr gjatësinë e mishit nga njëri skaj në tjetrin dhe deri në ½ inç nga fundi. e rosto. Kështu do të keni 3 ose 4 feta të trasha mishi të cilat janë të lira në pjesën e sipërme dhe anash, por të cilat janë të bashkuara të gjitha së bashku në fund.

b) Nëse mishi juaj përmban shumë ndarje muskujsh, do të duket shumë i çrregullt, por do të lidhet sërish në formë më vonë. Nëse dëshironi të marinoni mishin, përzieni përbërësit e marinadës në një tas të madh, shtoni mishin dhe lyejeni me lëngun. Kthejeni dhe pastroni çdo orë ose më shumë për të paktën 6 orë, ose gjatë natës, në frigorifer. Kullojeni mishin dhe thajeni mirë përpara se të vazhdoni në hapin tjetër.

c) Vendoseni pjekjen në mënyrë që fundi i tij të mbështetet në dërrasën tuaj të prerjes. Mbuloni plotësisht çdo fletë mishi me një shtresë proshutë midis dy shtresave të djathit, më pas mbyllni gjethet e mishit së bashku për të riformuar pjekjen. (Nëse keni yndyrë të thartë, mbështillni rosto me të; do ta mbajë mbushjen në vend dhe do të shkrihet gjatë gatimit.) Lidhni sythe me fije rreth mishit për ta mbajtur atë në formë. Thajeni pjekjen përsëri në peshqir letre në mënyrë që të skuqet mirë.

d) Ngroheni furrën në 450 gradë.

e) Kullojeni marinadën, për të ndarë perimet nga lëngjet (ose përdorni perime të freskëta). Ngrohni gjalpin dhe vajin në pjekje dhe gatuajini perimet marinadën ngadalë për 5 minuta. I shtyjmë në anët e tiganit, e ngremë zjarrin mesatarisht të lartë, e vendosim mishin e viçit, me anën e paprerë poshtë dhe e lëmë fundin të skuqet për 5 minuta. Lyejeni me yndyrën në tavë, më pas vendoseni tavën e pambuluar në të tretën e sipërme të furrës së nxehur që të skuqet sipër dhe anët e mishit për rreth 15 minuta. Lyejeni çdo 4 ose 5 minuta me gjalpë në një tavë. (Nëse keni përdorur yndyrë të zier, thjesht mund ta skuqni pjekjen në një tigan, nëse dëshironi, pastaj vazhdoni në hapin tjetër, duke hequr proshutën e zbardhur.)

f) Uleni furrën në 325 gradë. Hidhni lëngun e marinadës, nëse e keni përdorur, dhe e rregulloni mishin me kripë dhe piper. Vendosni proshutën ose suetin mbi mish dhe petë. Mbulojeni tavën dhe vendoseni në të tretën e poshtme të furrës. Rregulloni nxehtësinë në mënyrë që mishi të gatuhet ngadalë dhe në mënyrë të qëndrueshme për rreth 1 orë e gjysmë. Mishi bëhet kur, nëse shpohet thellë me pirun, lëngjet bëhen të verdha të qarta.

g) Hiqeni mishin në pjatën e servirjes, hidhni fijet e kordonit dhe proshutën ose suetin.

h) Hidhni yndyrën nga lëngjet në tavë, derdhni në stok ose bojë dhe ziejini, duke hequr yndyrën, për një ose dy minuta. Ngrini nxehtësinë dhe ziejini shpejt, duke shijuar, derisa aroma të përqendrohet. Hiqeni nga zjarri, rrihni në përzierjen e niseshtës së misrit, më pas zieni duke e trazuar për 2 minuta. Korrigjoni me kujdes erëzat.

i) Hiqeni nga zjarri dhe vloni në gjalpë pasurues derisa të përthithet. Kullojeni në një tas të nxehtë lëng mishi dhe hidheni me pak lugë mishin.

48. Filets De Sole Sylvestre

PËRBËRËSIT:
BRUNOIZA E PERIMEVE AROMATIKE
- Prerja e mëposhtme në kube 1/16 inç, duke bërë gjithsej 1¾ filxhan: 2 qepë mesatare, 2 karota mesatare, 1 kërcell selino të mesme, 8 kërcell majdanozi
- Një tenxhere e vogël, e rëndë e mbuluar
- 2 Tb gjalpë
- ½ gjethe dafine
- ¼ lugë tarragon
- ⅛ lugë e vogël kripë
- Majë piper
- ¼ paund. kërpudha të freskëta të prera në kube 1/16 inç

GATIMIN E PESHKIT
- 8 fileto tabani, fshikëzash ose barku me përmasa 9 me 2 inç (2 për person)
- 1 filxhan vermut francez të bardhë të thatë
- Kripë dhe piper
- Një enë për pjekje 10 deri në 12 inç, 1½ deri në 2 inç e thellë, e lyer me gjalpë
- ¼ deri në ½ filxhan ujë të ftohtë

Salca DHE SHËRBIMI
2 tenxhere inox ose të emaluara
1 Tb gjalpë
1 Tb miell
1 Tb pure ose pastë domate
4 ose më shumë Tb gjalpë të zbutur

UDHËZIME:
a) Pasi të keni prerë grupin e parë të perimeve në kube të vogla të mundshme, gatuajini ato në zjarr të ulët me gjalpë, barishte dhe erëza për rreth 20 minuta. Ata duhet të jenë krejtësisht të butë dhe me ngjyrën më të

zbehtë të artë. Më pas shtoni kërpudhat dhe ziejini ngadalë edhe për 10 minuta.
b) Ngroheni furrën në 350 gradë.
c) Lëvizni lehtë peshkun në anën që ishte ngjitur me lëkurën; kjo është ana mjaft qumështore dhe duke tërhequr një thikë mbi të prehet membrana sipërfaqësore, duke parandaluar kështu që fileto të përkulet ndërsa gatuhet. Kriposini dhe piperni pak filetot, vendosni një lugë me perime të ziera mbi gjysmën e anës së prerë dhe palosni në dysh, në formë pyke. Në enën e pjekjes e rregullojmë peshkun në një shtresë.
d) Hidhni vermutin dhe shtoni ujë të ftohtë sa të mbulojë peshkun. (Nëse ju ndodh që të keni kornizën e peshkut [strukturën e kockave] vendoseni mbi peshk.)
e) Mbulojeni me letër të depiluar. Nëse ena juaj e pjekjes është rezistente ndaj zjarrit, vendoseni mezi të ziejë sipër sobës, më pas vendoseni në të tretën e poshtme të furrës së parangrohur për rreth 8 minuta. Në të kundërt e vendosim enën direkt në furrë për rreth 12 minuta. Peshku bëhet kur një pirun e shpon mishin lehtësisht, dhe mishi mezi copëtohet. Mos e teproni. Mbajeni të ngrohtë në furrën e fikur, me derën e hapur, ndërsa bëni salcën.
f) Kullojeni të gjithë lëngun e gatimit në një nga tenxheret dhe ziejini me shpejtësi derisa lëngu të ulet në rreth ⅔ filxhan. Në tenxheren tjetër shkrini gjalpin, përzieni me miell dhe gatuajeni ngadalë pa ngjyrosur për 2 minuta. Hiqeni nga zjarri dhe rrihni fuqishëm në lëngun e gatimit të reduktuar, pastaj aromatizuesin e domates.
g) Pak përpara se ta servirni, hiqeni nga zjarri dhe rrahni gjalpin e zbutur, ½ lugë gjelle në të njëjtën kohë. (Salsi nuk mund të ngrohet përsëri pasi të ketë hyrë gjalpi.)

h) Kullojeni përsëri peshkun, duke i shtuar lëngun salcës. Hidhni salcë me lugë sipër peshkut dhe shërbejeni menjëherë.

49. Riz Etuvé au Beurre

PËRBËRËSIT:
- 1½ filxhan oriz i pastër, i palarë, i papërpunuar
- Një kazan i madh që përmban 7 deri në 8 litra ujë të vluar me shpejtësi
- 1½ lugë kripë për litër ujë
- 2 deri në 3 Tb gjalpë
- Kripë dhe piper
- Një tenxhere ose tavë e rëndë 3-litërshe
- Një raund letre të lyer me gjalpë

UDHËZIME:
a) Spërkateni gradualisht orizin në ujin e kripur të vluar, duke e shtuar ngadalë në mënyrë që uji të mos bjerë nën valë. Përziejini një herë, për t'u siguruar që asnjë nga kokrrat të mos ngjitet në fund të kazanit.

b) Zieni pa mbuluar dhe mesatarisht shpejt për 10 deri në 12 minuta. Filloni testimin pas 10 minutash duke kafshuar kokrra të njëpasnjëshme orizi. Kur një kokërr është aq e butë sa të mos ketë fortësi në qendër, por nuk është gatuar ende plotësisht, kullojeni orizin në një kullesë. Fryjeni nën ujë të nxehtë të rrjedhshëm për një ose dy minuta për të larë gjurmët e miellit të orizit. (Është kjo, plus zierja e tepërt, që e bën orizin ngjitës.)

c) Në tenxhere ose tavë shkrini gjalpin dhe përzieni kripën dhe piperin. Sapo orizi të jetë larë, kthejeni në tepsi, lëreni me pirun për t'u përzier me gjalpin dhe erëzat.

d) Mbulojeni me letër të lyer me gjalpë dhe më pas vendoseni kapakun. Ziejini mbi ujë të zier ose, ende në ujë, në një furrë 325 gradë për 20 deri në 30 minuta, derisa kokrrat të jenë fryrë dhe orizi të jetë i butë. Nëse nuk shërbehet menjëherë, hiqeni nga zjarri dhe lëreni mënjanë të mbuluar vetëm me letër të depiluar.

e) Për t'u ngrohur, mbulojeni dhe vendoseni mbi ujë të zier për 10 minuta ose më shumë. Hidhni më shumë kripë dhe piper për shije pak para se ta shërbeni.

50. Risotto a La Piémontaise

PËRBËRËSIT:

2 Tb gjalpë
Një tenxhere me fund të rëndë prej 2 litrash
1¼ filxhan oriz të bardhë të papërpunuar
¼ filxhan vermut të bardhë të thatë
2½ filxhan lëng pule ose supë
Kripë dhe piper

UDHËZIME:

Shkrini gjalpin në zjarr të moderuar. Shtoni orizin dhe përzieni ngadalë me një pirun druri derisa kokrrat të bëhen të tejdukshme, pastaj gradualisht një ngjyrë të bardhë qumështi - rreth 2 minuta.

Shtoni vermutin dhe lëreni të përthithet, më pas përzieni një të tretën e lëngut të pulës ose supës. Uleni zjarrin dhe lëreni orizin të ziejë në temperaturën më të ulët për 3 deri në 4 minuta, duke e përzier herë pas here. (Filloni me viçin në këtë pikë dhe vazhdoni të dy operacionet njëkohësisht.)

Kur lëngu të përthithet, përzieni gjysmën e lëngut të mbetur dhe vazhdoni të gatuani ngadalë, duke e trazuar herë pas here me pirunin tuaj të drurit dhe kur lëngu të përthithet përsëri shtoni lëngun e fundit.

Kur kjo të përthithet përfundimisht, shijoni orizin. Nëse nuk është aq i butë sa dëshironi, shtoni pak lëng ose ujë dhe mbulojeni tiganin për disa minuta.

Koha totale e gatimit të orizit duhet të zgjasë 15 deri në 18 minuta. I rregullojmë sipas shijes me kripë dhe piper. (Nëse bëhet përpara, mbulojeni dhe ngroheni përsëri mbi ujë të nxehtë.)

51. Sauté De Veau (Ou De Porc) Aux Champignons

PËRBËRËSIT:

- 1½ deri në 2 paund. fileto viçi ose derri të prerë në feta 3/4 inç
- Një tigan i rëndë 10 inç
- 2 Tb gjalpë
- 1 Tb vaj gatimi
- Një kanaçe prej 8 deri në 10 ons me kërcell dhe copa kërpudhash
- ½ lugë gjelle tarragon, trumzë ose barishte të përziera
- ¼ lugë kripë; majë piper
- Opsionale: thelpi i vogël hudhër i grirë
- 2 ose 3 Tb qepë të grira hollë
- ¼ filxhan Sercial Madeira ose vermut francez i bardhë i thatë

UDHËZIME:

Thajeni mishin e viçit ose derrit në peshqir letre. Në tigan ngrohni vajin dhe gjalpin. Kur shkuma e gjalpit të jetë ulur pothuajse, shtoni mishin dhe kaurdiseni në zjarr të fortë, duke e hedhur shpesh, derisa të skuqet lehtë nga të gjitha anët. Uleni zjarrin dhe vazhdoni zierjen, duke e hedhur herë pas here, derisa mishi të jetë ngurtësuar kur e shtypni me gisht. (Koha totale e gatimit është 7 deri në 10 minuta; gjatë kësaj periudhe do të keni kohë të mbani mend orizin, të copëtoni qepët dhe majdanozin dhe të grumbulloni supën.)

Kulloni kërpudhat dhe shtoni në mish. Spërkatini barishtet, kripë dhe piper; shtoni hudhrën opsionale dhe qepët; hidheni për një moment, më pas hidhni lëngun e kërpudhave dhe verën. Ziejeni që të zvogëlohet përgjysmë. Lëreni mënjanë nëse nuk jeni gati për t'u shërbyer dhe ngroheni kur të jetë e nevojshme.

52. Bouillabaisse a La Marseillaise / Peshku Mesdhetar

PËRBËRËSIT:
BAZË E SUPËS

- 1 filxhan qepë të verdha të prera në feta
- ¾ deri në 1 filxhan presh të prera në feta, vetëm pjesa e bardhë; ose ½ filxhan më shumë qepë
- ½ filxhan vaj ulliri
- Një kazan ose tavë e rëndë 8 litra
- 2 deri në 3 gota domate të freskëta të copëtuara, ose 1¼ filxhan domate të konservuara të kulluara, ose ¼ filxhan pastë domate
- 4 thelpinj hudhra të grira
- 2 e gjysmë litër ujë
- 6 degë majdanozi
- 1 gjethe dafine
- ½ lugë gjelle trumzë ose borzilok
- ⅛ lugë çaji kopër
- 2 majë të mëdha shafran
- Një copë 2 inç ose ½ lugë e vogël lëvozhgë portokalli të tharë
- ⅛ lugë piper
- 1 Tb kripë (asnjë nëse përdorni lëng molusku)
- 3 deri në 4 paund. koka peshku, kocka dhe stoli, duke përfshirë mbetjet e butakëve; ose, 1 litër lëng molusku dhe 1½ litër ujë, pa kripë

GATIMI I BOUILLABAISSE

- Baza e supës
- 6 deri në 8 paund. peshq të ndryshëm pa yndyrë dhe butak nëse dëshironi, të zgjedhur dhe të përgatitur sipas udhëzimeve në fillim të recetës

SHËRBIMI

- Një pjatë e nxehtë
- Një tavë supe ose supë

- Rrumbullakët e bukës franceze të thekur
- ⅓ filxhan majdanoz i freskët i grirë përafërsisht

UDHËZIME:

a) Ziejini qepët dhe preshi ngadalë në vaj ulliri për 5 minuta pa u skuqur. Hidhni domatet dhe hudhrën dhe gatuajeni edhe 5 minuta.

b) Shtoni ujin, barishtet, erëzat dhe lëngun e peshkut ose moluskut në kazan. Lëreni të vlojë, skremoni dhe gatuajeni, pa mbuluar, në valë të ngadaltë për 30 deri në 40 minuta. Kullojeni, erëza korrekte. Lëreni mënjanë, të pambuluar, derisa të ftohet nëse nuk po e përfundoni menjëherë bouillabaisse, më pas vendoseni në frigorifer.

c) Vendoseni bazën e supës në një zierje të shpejtë në kazan rreth 20 minuta para se ta shërbeni. Shtoni karavidhe, gaforre dhe peshk me mish të fortë. E kthejmë shpejt në zierje dhe e ziejmë shpejt, pa mbuluar, për 5 minuta. Më pas shtoni peshkun me mish të butë dhe molusqet, midhjet dhe fistonët. Kthejeni sërish në zierje për 5 minuta. Mos e teproni.

d) Ngrini menjëherë peshkun dhe vendoseni në pjatë. Shijoni me kujdes supën për erëza, vendosni 6 deri në 8 feta bukë në turen dhe derdhni supën. Hidhni një lugë supë mbi peshk dhe spërkatni majdanoz si mbi peshkun ashtu edhe mbi supë. Shërbejeni menjëherë.

e) Në tryezë, çdo mysafir shërbehet ose ndihmon veten për të peshkuar dhe supë, duke i vendosur ato në një pjatë të madhe supe. Hani bouillabaisse me një lugë të madhe supe dhe pirun, të ndihmuar së bashku me copa shtesë të bukës franceze. Nëse dëshironi të shërbeni verë, keni një zgjedhje roze, një verë të bardhë të fortë të thatë si Côtes du Rhône ose Riesling, ose një të kuqe të lehtë, të re, si Beaujolais ose e kuqe e brendshme malore.

53. Salpicón De Volaille

PËRBËRËSIT:

- 3 Tb gjalpë
- Një tigan ose tigan i madh
- 3 deri në 4 Tb qepë ose qepë të grirë
- 3 deri në 4 gota mish pule ose gjeldeti të prerë në kube $\frac{3}{8}$ inç
- Rreth 2 gota proshutë të gatuar ose gjuhë të prera në kubikë
- Kripë dhe piper
- $\frac{1}{2}$ lugë gjelle tarragon ose rigon
- $\frac{1}{2}$ filxhan vermut të bardhë të thatë
- Shtesa opsionale: një filxhan ose më shumë kërpudha të gatuara, tranguj, speca jeshilë, bizele, shparg ose brokoli; 1 ose 2 vezë të ziera fort të prera në kubikë
- 2 deri në 3 gota salcë të trashë velouté (shih shënimin më poshtë)

UDHËZIME:

Shkrini gjalpin në tigan ose tigan, përzieni qepujt ose qepët dhe ziejini ngadalë për 1 minutë. Hidhni pulën ose gjelin e detit, proshutën ose gjuhën, rregulloni me kripë, piper dhe barishte. Ngrini nxehtësinë dhe përzieni së bashku për 2 minuta, për të ngrohur mishin me erëzat. Hidh verën; ziejnë me shpejtësi derisa lëngu të jetë pothuajse avulluar. Palosni shtesat opsionale dhe salcë velouté sa për të mbuluar të gjithë përbërësit. Shijoni me kujdes për erëza. Nëse nuk përdoret menjëherë, lyejeni sipër me krem ose gjalpë të shkrirë dhe ringrojeni kur është e nevojshme.

54. Poulet Grillé Au Naturel / Pulë e pjekur e thjeshtë

PËRBËRËSIT:

Një £ 2½. pulë e zier
2 Tb gjalpë
1 Tb vaj gatimi
Një tigan i cekët ose enë pjekjeje
Kripë
2 Tb qepë ose qepë të grirë
½ filxhan bujon viçi ose pule

UDHËZIME:

Thajeni pulën tërësisht me peshqir letre. Shkrini gjalpin me vajin e gatimit, lyeni pulën me furçë dhe rregulloni me lëkurën poshtë në tavën e zier ose enën e pjekjes. Vendoseni pulën në mënyrë që sipërfaqja e mishit të jetë 5 deri në 6 inç nga elementi i nxehtë i pulës; pula duhet të gatuhet ngadalë dhe të mos fillojë të skuqet për 5 minuta. Pas 5 minutash, lyejeni pulën me gjalpë dhe vaj; thjesht duhet të fillojë të marrë ngjyrë kafe. Rregulloni nxehtësinë në përputhje me rrethanat. Spërkateni sërish me gjalpë dhe vaj pas 5 minutash dhe në fund të 15 minutave, lëreni të zihet në fund, spërkateni me kripë dhe kthejeni lëkurën e pulës lart. Vazhdoni zierjen, duke e skuqur çdo pesë minuta (duke përdorur yndyrë dhe lëngje në tigan) për 15 minuta të tjera ose derisa shkopinjtë të zbuten kur shtypen dhe lëngjet të bëhen të verdha të qarta kur pjesa më e mishit e mishit të errët shpohet thellë.

Hiqeni pulën në një pjatë të nxehtë, skremoni nga tigani të gjitha me përjashtim të 2 lugëve yndyrë dhe përzieni qepujt ose qepët. Gatuani në furrë duke e trazuar për një moment dhe më pas shtoni bojën. Ziejeni shpejt, duke gërvishtur lëngjet e zierjes së mpiksur në builon derisa lëngu të jetë reduktuar në një konsistencë shurupi. Hidhni sipër mishin e pulës dhe shërbejeni. (Për ta shërbyer, priteni përgjysmë përgjatë kockës së gjoksit, më pas ngrini secilën pjesë të këmbës dhe hiqeni nga gjoksi.)

55. Poulet Grillé a La Diable

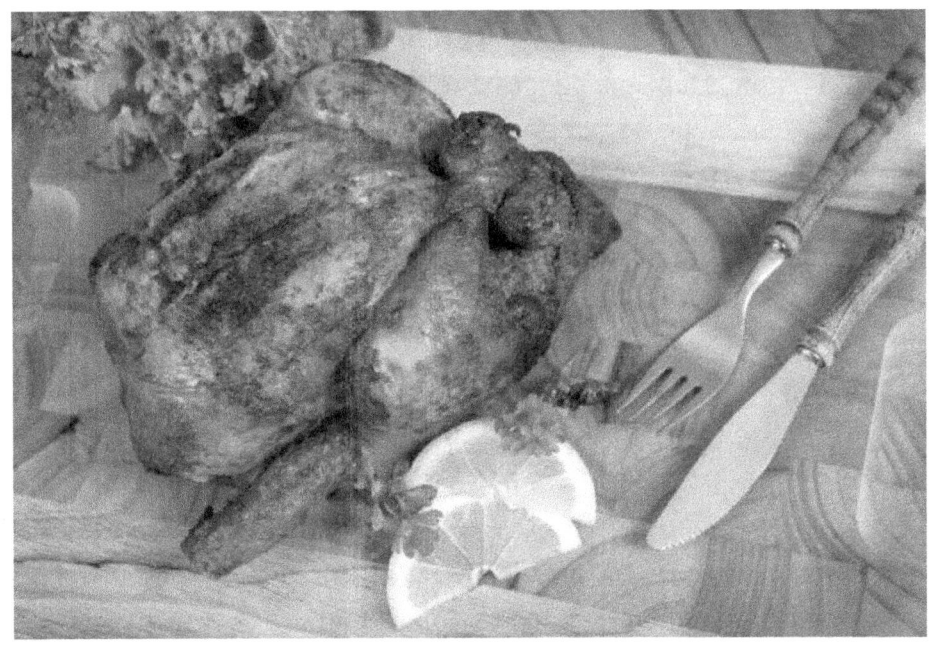

PËRBËRËSIT:

Një £ 2½. pulë e zier
2 Tb gjalpë
1 Tb vaj gatimi
3 Tb mustardë e përgatitur e tipit Dijon (e fortë).
1½ lugë qepë ose qepë të grirë
¼ lugë gjelle trumzë, borzilok ose tarragon
3 pika salcë Tabasco
1 filxhan bukë të freskët të bardhë (nga bukë e llojit shtëpiak)

UDHËZIME:

Ziejeni pulën siç përshkruhet në recetën e mëparshme, por gatuajeni për 10 minuta vetëm nga secila anë. Rrihni mustardën, qepujt ose qepët, barishtet dhe tabaskon në një tas të vogël; më pas, pikë-pikë, rrihni në gjysmë yndyrën e grirë dhe lëngjet nga tigani për të bërë një salcë të ngjashme me majonezën. Rezervoni pjesën tjetër të yndyrës dhe lëngjeve për më vonë.

Lyejeni pjesën e poshtme (jo anën e lëkurës) të pulës me gjysmën e përzierjes së mustardës dhe mbulojeni me një shtresë me thërrime buke. Vendoseni lëkurën e pulës nga ana poshtë në një raft në një tigan të zier dhe lyejeni me gjysmën e lëngjeve të ziera të rezervuara. Kthejeni pulën në brojler të nxehtë për 5 deri në 6 minuta, derisa thërrimet të jenë skuqur mirë. Kthejeni lëkurën e pulës lart, lyeni me mustardën e mbetur, mbulojeni me thërrime dhe lyejeni me lëngun e fundit të zier. Kthehuni në brojler për 5 deri në 6 minuta më shumë, ose derisa pula të jetë gati.

56. Pois Frais En Braisage / Bizele të ziera me marule

PËRBËRËSIT:

2 paund. bizele të freskëta (rreth 3 gota, të prera)
1 marule Boston me kokë të mesme, e larë dhe e grirë
½ lugë kripë
1 deri në 2 Tb sheqer (në varësi të ëmbëlsisë së bizeleve)
4 Tb qepë të grira
4 Tb gjalpë të zbutur
Një tenxhere me fund të rëndë

UDHËZIME:

Vendosni bizelet dhe pjesën tjetër të përbërësve në një tenxhere dhe i shtrydhni të gjitha së bashku përafërsisht me duart tuaja, që të skuqen pak bizelet. Shtoni ujë të ftohtë në mënyrë që bizelet të mbulohen mezi. Vendoseni në zjarr mesatarisht të lartë, mbulojeni tiganin nga afër dhe ziejini për 20 deri në 30 minuta; pas rreth 20 minutash, provoni bizelet për butësi duke ngrënë një. Vazhdoni zierjen derisa bizelet të zbuten dhe lëngu të ketë avulluar; shtoni edhe 2 deri në 3 lugë ujë nëse është e nevojshme. Korrigjoni erëzat dhe shërbejeni. (Nëse nuk shërbehet menjëherë, lëreni mënjanë pa mbuluar. Ngroheni me 2 lugë ujë, mbulojeni dhe ziejini për një ose dy momente, duke i hedhur shpesh, derisa bizelet të nxehen.)

57. Potage Crème De Cresson / Krem supë me lakërishtë

PËRBËRËSIT:
GATIMIN E LUÇËS
- ½ filxhan qepë të grira
- 3 Tb gjalpë
- Një tenxhere e mbuluar me 3 litra
- 3 deri në 4 gota të paketuara gjethe lakërishte të freskëta dhe kërcell të butë, të lara dhe të thara në një peshqir
- ½ lugë kripë

Zierje
- 3 Tb miell
- 5½ gota lëng pule të zier

PASURIMI FINAL
- 2 të verdha veze të përziera në një tas me ½ filxhan krem të trashë
- 1 deri në 2 Tb gjalpë të zbutur

UDHËZIME:
a) Gatuani qepët ngadalë në gjalpë në tenxhere për rreth 10 minuta. Kur të jetë e butë dhe e tejdukshme, përzieni lakërishtën dhe kripën, mbulojeni dhe gatuajeni ngadalë për 5 minuta ose derisa të thahet plotësisht.

b) Spërkateni miellin në përzierjen e lakërishtës dhe përzieni në nxehtësi të moderuar për 3 minuta. Hiqeni nga zjarri, përzieni lëngun e nxehtë dhe ziejini për 5 minuta. Pureeni përmes një mulli ushqimi, kthejeni në tenxhere dhe korrigjoni erëzat. Lëreni mënjanë pak përpara se ta shërbeni dhe ngroheni sërish në zjarr të ngadaltë.

c) Rrihni një filxhan supë të nxehtë me pika në të verdhat dhe kremin, rrahni gradualisht pjesën tjetër të supës në një rrjedhë të hollë. Kthejeni supën në tenxhere dhe përziejeni mbi nxehtësi të moderuar për një ose dy momente që të ziejnë të verdhat e vezëve, por mos e lini të ziejë. Hiqeni nga zjarri dhe përzieni gjalpin e pasuruar me një lugë gjelle.

d) Për ta servirur të ftohtë, hiqni pasurimin përfundimtar të gjalpit dhe ftohni. Nëse është shumë e trashë, përzieni më shumë krem përpara se ta shërbeni.

58. Navarin Printanier / Merak me qengj me karrota

PËRBËRËSIT:
- Gjoksi, për yndyrën dhe strukturën
- Sup, për copa të dobëta, të forta
- Brinjë të shkurtra, për teksturë dhe shije
- Qafa, për konsistencën e strukturës dhe salcës

KAQJA E QENGJIT
- 3 paund. Mishi i zierjes së qengjit
- 3 deri në 4 TB vaj gatimi
- Një tigan 10 deri në 12 inç
- Një tavë rezistente ndaj flakës ose furrë holandeze 5 deri në 6 litra
- 1 Tb sheqer i grimcuar
- 1 lugë kripë
- $\frac{1}{4}$ lugë piper
- 3 Tb miell

GJYRI
- 2 deri në 3 gota lëng mishi qengji ose viçi ose bujoni i konservuar i viçit
- 3 domate mesatare, të qëruara, të prera, të grira dhe të prera; ose 3 Tb pastë domate
- 2 thelpinj hudhër të grirë
- $\frac{1}{4}$ lugë gjelle trumzë ose rozmarinë
- 1 gjethe dafine

SHTIMI I PERIMEVE RRENJORE
- 6 deri në 12 patate "të ziera".
- 6 rrepa
- 6 karota
- 12 deri në 18 qepë të vogla të bardha me diametër rreth 1 inç

SHTOJNË PERIMET E GJELBËL
- 1 filxhan bizele të njoma (rreth ⅔ lb. pa lëvozhgë)
- 1 filxhan fasule jeshile (rreth $\frac{1}{4}$ £) të prera në copa $\frac{1}{2}$ inç

- 3 deri në 4 litra ujë të vluar
- 1½ deri në 2 Tb kripë

UDHËZIME:

a) Hiqni të gjithë yndyrën e tepërt dhe membranën e rrëzuar ose mbuluese. Pritini mishin në kube 2 inç që peshojnë 2 deri në 2½ ons. Çdo kockë e mbetur në mish do t'i japë shije të shtuar salcës; shumica e tyre mund të hiqen para se të shërbejnë.

b) Thani copat e qengjit tërësisht në peshqir letre. Ngrohni vajin në një tigan derisa pothuajse të piqet duhan dhe skuqeni qengjin nga të gjitha anët, disa copa në të njëjtën kohë. E kalojmë qengjin ashtu siç është skuqur në tavë ose në furrën holandeze.

c) Spërkateni mbi sheqer dhe hidheni qengjin në zjarr mesatarisht të lartë për 3 deri në 4 minuta, derisa sheqeri të jetë skuqur dhe karamelizuar - kjo do t'i japë salcës një ngjyrë të hollë qelibar. Më pas hidhni mishin me erëzat dhe miellin dhe ziejini në zjarr të moderuar për 2 deri në 3 minuta, duke e hedhur, që mielli të skuqet.

d) Ngroheni furrën në 350 gradë.

e) Hidhni yndyrën nga tigani për skuqje, derdhni 2 gota lëng ose supë dhe ziejini, duke gërvishtur lëngjet e mpiksura të skuqjes. Hidheni në tavë mbi mish qengji dhe lëreni të ziejë, duke tundur tavën për t'u përzier. Më pas shtoni domatet ose pastën e domates, hudhrën, barishtet dhe lëngun e mjaftueshëm shtesë ose bojën gati sa të mbulojë qengjin.

f) Lëreni të ziejë, mbuloni tavën dhe ziejini ngadalë sipër sobës ose në furrë të parangrohur për 1 orë. Më pas derdhni përmbajtjen e tavës në një kullesë të vendosur mbi një tigan.

g) Shpëlajeni tavën. Hiqni kockat e lira dhe kthejeni mishin e qengjit në tavë. Hiqni yndyrën nga salca në tigan, korrigjoni erëzat dhe hidheni përsëri salcën mbi mish.

h) Qëroni patatet dhe pritini në ovale rreth $1\frac{1}{2}$ inç të gjatë; vendoseni në ujë të ftohtë. Qëroni dhe çerek karotat dhe rrepat; prerë në gjatësi $1\frac{1}{2}$ inç. Qëroni qepët dhe shponi një kryq në skajet e rrënjëve në mënyrë që ato të gatuhen në mënyrë të barabartë. Kur mishi i qengjit të jetë gati, shtypni perimet në tavë rreth dhe midis copave të mishit dhe lyejini me salcën.

i) Lëreni të ziejë, mbulojeni dhe gatuajeni për rreth një orë më gjatë ose derisa mishi dhe perimet të zbuten kur shpohen me pirun. Hiqni yndyrën, korrigjoni erëzat dhe shtoni perimet jeshile, të cilat janë përgatitur si më poshtë:

j) Hidhni bizelet dhe fasulet në ujin me kripë të vluar dhe ziejini shpejt, pa mbuluar, për rreth 5 minuta, ose derisa perimet të jenë pothuajse të buta. Kullojeni menjëherë në një kullesë, më pas derdhni ujë të ftohtë për 3 minuta që të ndalojë gatimin dhe të marrë ngjyrën. Lëreni mënjanë derisa të jeni gati për përdorim. (Mund të përgatitet zierja deri në këtë pikë. Lëreni mishin mënjanë, mbulojeni anash. Vendoseni të ziejë sipër sobës përpara se të vazhdoni me recetën.)

SHËRBIMI

k) Pak para se t'i shërbeni, vendosni bizelet dhe fasulet në tavë mbi përbërësit e tjerë dhe lyejini me salcën që fryn.

l) Mbulojeni dhe ziejini për rreth 5 minuta, derisa perimet jeshile të zbuten. E shërbejmë zierjen nga tava e saj, ose e rregullojmë në një pjatë të nxehtë.

m) Shoqërojeni me bukë të nxehtë franceze dhe një verë të kuqe Beaujolais, Bordeaux ose Mountain Red, ose një trëndafil të ftohtë.

59. Oie Braisée Aux Pruneaux / Patë e pjekur me mbushje me kumbulla të thata

PËRBËRËSIT:
Kumbulla dhe mbushje të mëlçisë
- 40 deri në 50 kumbulla të thata të mëdha
- Mëlçia e patës, e grirë
- 2 Tb qepe ose qepë të grira hollë
- 1 Tb gjalpë
- ⅓ filxhan verë port
- ½ filxhan (4 ons) foie gras ose pastë mëlçie të konservuar
- Piqni secilën nga speci dhe trumzë
- Kripë dhe piper
- 3 deri në 4 Tb thërrime buke të thata të bardha

PËRGATITJA DHE KAQJA E PATËS
- Një 9-lb. patë e gatshme për gatim
- 1 Tb kripë
- Një tigan i zier

GJYJA PATA
- Koha e parashikuar e gatimit: 2 orë e 20 deri në 30 minuta.
- Qafa e patës, skajet e krahëve, gjilpëra dhe zemra
- ½ filxhan secila me karota dhe qepë të prera në feta
- 2 Tb yndyrë pate
- Një pjekje e mbuluar mjaftueshëm e madhe për të mbajtur patën
- ½ filxhan miell
- 2 gota verë të kuqe (të tilla si Beaujolais, Médoc, ose California Mountain Red)
- Kripë
- 1 Tb sherebelë
- 2 thelpinj hudhre
- 4 deri në 6 gota lëng viçi ose bojë

UDHËZIME:

a) Hidhini kumbullat e thata në ujë të vluar dhe ziejini për 5 minuta ose derisa të zbuten. Hiqni gropat sa më mirë që të jetë e mundur. Skuqni mëlçinë e patës dhe qepujt ose qepët në gjalpë të nxehtë për 2 minuta; grijeni në një tas përzierjeje. Ziejeni me shpejtësi verën e portit në një tigan derisa të zvogëlohet në 1 lugë gjelle; grijeni në enë për përzierje. Rrihni në foie gras ose pastë mëlçie, pipëza dhe trumzë, dhe sezoni sipas shijes. Nëse është e nevojshme, rrahim thërrimet e bukës me lugë derisa masa të jetë mjaft e fortë për mbushje. Palosni ½ lugë çaji në secilën kumbulle të thatë.

b) Prisni kockën e detit (për gdhendje më të lehtë), prisni krahët në bërryla dhe hiqni yndyrën e lirshme nga brenda patës. Fërkojeni zgavrën me kripë, mbusheni lirshëm me kumbulla të thata dhe këllëf. Shponi lëkurën në intervale ½ inç rreth anëve të gjoksit, kofshëve dhe shpinës. Vendoseni patën në një tigan të zier dhe skuqeni nën një brojler mesatarisht të nxehtë, duke e rrotulluar shpesh, për rreth 15 minuta, duke hequr yndyrën e grumbulluar nga tigani sipas nevojës.

c) Ngroheni furrën në 350 gradë.

d) Pritini gjilpërat në copa 1 inç, thajini dhe skuqini me perimet në yndyrë të nxehtë pate në pjekje në zjarr mesatarisht të lartë.

e) Uleni zjarrin, përzieni miellin dhe gatuajeni, duke e trazuar, për 3 minuta që të skuqet lehtë. Hiqeni nga nxehtësia; përzieni verën. Kriposni patën dhe vendoseni në anën e saj në pjekje. Shtoni sherebelën, hudhrën dhe sasinë e mjaftueshme të mishit të viçit ose bojën që të vijë deri në gjysmë të rrugës së patës.

f) Lëreni të ziejë, mbulojeni dhe vendoseni në të tretën e poshtme të furrës së parangrohur. Rregulloni nxehtësinë në mënyrë që lëngu të ziejë ngadalë gjatë gatimit; kthejeni patën në anën tjetër për 1 orë, në shpinë pas 2 orësh.

g) Pata bëhet kur shkopinjtë e daulleve lëvizin pak në priza dhe, kur pjesa më e mishit e njërës shpohet, lëngjet marrin ngjyrë të verdhë të zbehtë. Mos e teproni.

Salca DHE SHËRBIMI

h) Kullojeni patën dhe vendoseni në një pjatë të nxehtë; prerë dhe hidhni fijet e dërrasës. Hidhni sa më shumë yndyrë të mundeni, hiqni salcën e zierjes; do të keni disa filxhanë, të cilat mund t'i ruani për të kaurdisur patatet, pulën ose për pjekjen e rostove.

i) Hidhni rreth 4 gota salcë përmes një sitë në një tenxhere dhe hiqni përsëri yndyrën. Lërini të ziejnë, duke i skremuar dhe korrigjoni me kujdes erëzat. Hidhni me lugë pak salcë mbi patë dhe derdhni pjesën tjetër në një tas të nxehtë lëng mishi.

j) Shërbejeni me qepë dhe gështenja të ziera, ose lakra brukseli dhe pure patatesh; Verë e kuqe Burgundy.

60. Rognons De Veau En Tavë / Veshkat në gjalpë

PËRBËRËSIT:
- 4 Tb gjalpë
- Një tigan i rëndë sauti mjaft i madh për të mbajtur veshkat rehat në një shtresë
- 3 deri në 4 veshka viçi ose 8 deri në 12 veshka qengji
- 1 Tb qepë ose qepë të grirë
- ½ filxhan vermut të bardhë të thatë
- 1 Tb lëng limoni
- 1½ Kb mustardë e përgatitur e llojit Dijon e pure me 3 Tb gjalpë të zbutur
- Kripë dhe piper

UDHËZIME:
Ngrohni gjalpin dhe kur shkuma të fillojë të ulet, rrokullisni veshkat në gjalpë, më pas gatuajeni, pa mbuluar, duke i kthyer çdo minutë ose dy. Rregulloni nxehtësinë në mënyrë që gjalpi të jetë i nxehtë, por jo të skuqet. Nga veshkat do të rrjedhë pak lëng. Veshkat duhet të ngurtësohen, por jo të ngurtësohen; ato duhet të skuqen pak dhe duhet të jenë rozë në qendër kur priten. Koha: rreth 10 minuta për veshkat e viçit; 5, për veshkat e qengjit. Hiqni veshkat në një pjatë.

Përzieni qepujt ose qepët në gjalpë në tigan dhe ziejini për 1 minutë. Shtoni vermutin dhe lëngun e limonit. Ziejeni shpejt derisa lëngjet të pakësohen në rreth 4 lugë gjelle. Hiqeni nga zjarri dhe hidheni në të gjalpin e mustardës dhe pak kripë dhe piper. Pritini veshkat në feta tërthore ⅛ inç të trasha. I spërkasim me kripë dhe piper dhe i kthejmë në tavë me lëngjet e tyre.

Pak përpara se ta servirni, tundeni dhe hidheni në zjarr mesatar për një ose dy minuta që të ngrohet pa zierje.

Shërbejeni në pjata shumë të nxehta. Nëse përdoret si pjatë kryesore dhe jo si ushqim i shijshëm, shoqëroni me patate të skuqura në gjalpë, qepë të ziera dhe një verë të kuqe Burgundy.

61. Rognons de Veau Flambés / Veshkat e skuqura Flambé

PËRBËRËSIT:
- Një tigan i rëndë sauti i madh sa të mbajë veshkat
- 3 deri në 4 veshka viçi ose 8 deri në 12 veshka qengji
- 4 Tb gjalpë
- ⅓ filxhan konjak
- ½ filxhan bujon viçi të përzier me 1 lugë niseshte misri
- ⅓ filxhan Sercial Madeira ose verë porti
- ½ paund. kërpudha të prera në feta, të skuqura më parë në gjalpë me 1 Tb qepë të grirë ose qepe
- 1 filxhan krem të rëndë
- Kripë dhe piper
- ½ Tb mustardë e përgatitur e llojit Dijon e përzier me 2 Tb gjalpë të zbutur dhe ½ lugë salcë Worcestershire

UDHËZIME:
Skuqni të gjitha veshkat në gjalpë, si në recetën e mëparshme. Nëse po i përfundoni në tavolinë, sillni veshkat e skuqura në enën e tharjes.

Hidhni konjakun mbi veshkat. Ngroheni deri në flluska, shmangni fytyrën dhe ndizni lëngun me një shkrepës të ndezur. Shkundni tiganin dhe lyeni veshkat me lëng flakërues derisa zjarri të qetësohet. Hiqni veshkat në një pjatë ose dërrasë gdhendjeje.

Hidhni bujonin e viçit dhe verën në tigan; ziejmë për disa minuta derisa të pakësohet dhe të trashet. Shtoni kërpudhat dhe kremin dhe ziejini edhe disa minuta; salca duhet të jetë mjaft e trashë për të lyer lehtë një lugë. I rregullojmë me kujdes me kripë dhe piper. Hiqeni nga zjarri dhe rrotullojeni përzierjen e mustardës.

Pritini veshkat në feta tërthore ⅛ inç të trasha dhe i rregulloni lehtë me kripë dhe piper. Kthejini veshkat dhe lëngjet në tigan. Tundeni dhe hidheni në zjarr që të ngrohen veshkat pa zierje. Shërbejeni në pjata shumë të nxehta.

62. Carbonnade De Boeuf a La Provençale

PËRBËRËSIT:
- 3 paund. biftek çak i prerë në feta afërsisht $3\frac{1}{2}$ me 2 me $\frac{3}{8}$ inç

MARINADA
- $\frac{1}{4}$ filxhan uthull vere
- 1 Tb vaj ulliri
- 2 thelpinj hudhre te medha, te qeruara dhe te grira
- $\frac{1}{8}$ lugë piper
- 2 lugë kripë
- $\frac{3}{4}$ lugë e shijshme
- $\frac{3}{4}$ lugë trumzë

QEPËT
- Opsionale, por tradicionale: 4 ons (rreth ⅔ filxhan) mish derri të freskët anësor, ose feta yndyrore dhe të ligët nga një prapanicë derri i freskët
- Një tigan i rëndë
- 1 deri në 3 Tb vaj ulliri
- 5 deri në 6 gota qepë të prera në feta

PJEKJE
- Një tavë prej 6 litrash kundër zjarrit
- 7 deri në 8 gota patate të gjitha përdorimeve të prera në feta
- Kripë dhe piper
- Bujoni i viçit
- $\frac{1}{4}$ filxhan djathë parmixhano (për hapin e fundit)

UDHËZIME:
a) Përzieni marinadën në një tas me xham, xhami ose inoks. Kthejeni dhe pastroni mishin me lëngun, mbulojeni dhe vendoseni në frigorifer për 6 orë ose gjatë natës, duke e pastruar dhe kthyer mishin disa herë.

b) Pritini mishin e derrit opsional në copa 1 inç të trashë rreth ¼ inç. Skuqeni ngadalë në një lugë vaj për të marrë yndyrën dhe skuqet shumë lehtë. (Nëse hiqet mishi i derrit, derdhni 3 lugë vaj në tiganin tuaj.) Përzieni qepët, mbulojeni ngushtë dhe gatuajeni ngadalë për rreth 20 minuta, duke i përzier herë pas here derisa qepët të zbuten dhe sapo të fillojnë të skuqen.
c) Ngroheni furrën në 350 gradë.
d) Kullojeni mishin dhe rregulloni me kripë dhe piper. Alternoni shtresat e qepëve dhe mishit në tavë. Hidhni në të përbërësit e marinadës, më pas vendosni shtresa me feta patate sipër, duke e rregulluar secilën me kripë dhe piper. Hidhni në të aq bollone sa të mbulojë mishin; vendoseni të ziejë në majë të sobës.
e) Mbulojeni tavën dhe vendoseni në nivelin e mesëm të furrës së parangrohur për rreth 1 orë, ose derisa mishi të jetë pothuajse i butë kur shpohet me pirun. Koha do të varet nga cilësia e mishit; piqet rreth gjysmë ore më shumë në hapin e fundit.
f) Ngrini nxehtësinë e furrës në 425 gradë. Hidhni tavën dhe hiqni yndyrën e grumbulluar me lugë. Spërkatni djathin parmixhano mbi patatet dhe lyejini me një ose dy lugë nga lëngu i gatimit. (Nëse bëhet përpara kësaj pike, lëreni mënjanë pa mbuluar. Ngrohni përsëri për të zier përpara se të vazhdoni.)
g) Vendoseni tavën e pambuluar në një të tretën e sipërme të furrës me temperaturë 425 gradë dhe piqeni për rreth 30 minuta, që sipër patateve të skuqen dhe të zvogëlohet dhe të trashet lëngu i gatimit. Shërbejeni nga tava.

63. Daube De Boeuf a La Provençale

PËRBËRËSIT:
- 3 paund. biftek çak i prerë në katrorë 2½ inç me trashësi 1 inç

MARINADA
- 2 Tb vaj ulliri
- 1½ filxhan vermut të bardhë të thatë
- ¼ filxhan raki ose xhin
- 2 lugë kripë
- ¼ lugë piper
- ½ lugë gjelle trumzë ose sherebelë
- 1 gjethe dafine
- 2 thelpinj hudhra të qëruara dhe të grira
- 2 gota karota të prera hollë
- 2 gota qepë të prera hollë
- Marinojeni viçin sipas udhëzimeve në recetën e mëparshme.

MONTIMI
- Një tavë prej 6 litrash kundër zjarrit
- Kripë, piper, miell
- 1½ filxhan domate të forta, të pjekura, të qëruara, me fara, lëngje dhe të prera
- 1½ filxhan kërpudha të freskëta të prera në feta
- Opsionale: rreth 8 feta, ¼ inç të trasha, mish derri i freskët anësor; ose feta yndyrore dhe të ligët nga një prapanicë e freskët e derrit
- Bouillon viçi nëse është e nevojshme

UDHËZIME:
a) Prisni marinadën dhe lyeni mishin me kripë dhe piper, më pas mbështilleni me miell dhe lëreni mënjanë në letër të depiluar. Kullojeni lëngun e marinadës në një tas; hidhni domate dhe kërpudha me perime marinuese.

b) Vendosni disa rripa derri sipas dëshirës në fund të tavës dhe mbulojeni me një të tretën e perimeve të përziera. Më pas ndërroni me shtresa mishi dhe perimesh, duke mbuluar shtresën e sipërme të perimeve me feta derri sipas dëshirës. Hidhni lëngun e marinadës.

GATIMIN DHE SHËRBIMIT

c) Mbulojeni tavën, vendoseni në zjarr mesatar dhe ziejini për rreth 15 minuta. Nëse perimet nuk kanë marrë lëng të mjaftueshëm për të mbuluar mishin, shtoni pak bujon. Mbulojeni dhe gatuajeni në zjarr të ngadaltë për $1\frac{1}{2}$ deri në 2 orë, ose derisa mishi të jetë i butë kur shpohet me një pirun.

d) Mbyllni tavën, hiqni yndyrën dhe shijoni për erëza. Nëse lëngu nuk është pakësuar dhe trashur, kullojeni në një tenxhere dhe trasheni me një lugë gjelle niseshte misri të përzier me bojën.

e) Ziejini për 2 minuta, më pas hidheni në tavë. (Nëse nuk shërbehet menjëherë, ftoheni pa mbuluar, më pas mbulojeni dhe vendoseni në frigorifer. Ziejini të mbuluara për 5 minuta përpara se ta shërbeni.)

FILLIP FINAL PROVANSAL

f) Për shije të shtuar, copëtoni ose bëni pure 2 thelpinj hudhër dhe vendosini në një tas me 3 deri në 4 lugë gjelle kaperi të kulluar. Grini ose grijeni në një pastë, më pas rrihni 3 lugë mustardë të fortë të tipit Dijon.

g) Rrihni gradualisht në 3 lugë vaj ulliri për të bërë një salcë të trashë; përzieni $\frac{1}{4}$ filxhan borzilok të freskët ose majdanoz të grirë. Përzieni brumin e përfunduar pak para se ta shërbeni.

64. Potage Parmentier / Supë me presh ose qepë dhe patate

PËRBËRËSIT:
GATIM PARAPRAK
- Një tenxhere ose tenxhere me presion 3 deri në 4 litra
- 3 deri në 4 gota patate të qëruara të prera në feta ose të prera në kubikë
- 3 gota presh të prera hollë ose qepë të verdha
- 2 litra ujë
- 1 Tb kripë

PASURIMI FINAL
- ⅓ filxhan krem të rëndë ose 2 deri në 3 Tb gjalpë të zbutur
- 2 deri në 3 Tb majdanoz ose qiqra të grirë

UDHËZIME:
a) Ose ziejini perimet, ujin dhe kripën së bashku, pjesërisht të mbuluara, për 40 deri në 50 minuta derisa perimet të zbuten; ose gatuajeni nën presion 15 paund për 5 minuta, lironi presionin dhe ziejini pa mbuluar për 15 minuta për të zhvilluar shijen.
b) Grini perimet në supë me një pirun, ose kaloni supën në një mulli ushqimi. Erëza e duhur.
c) Lëreni të pambuluar deri pak para se ta shërbeni, më pas ringrojeni në zjarr të ngadaltë.
d) Hiqeni nga zjarri pak para se ta shërbeni dhe përzieni kremin ose gjalpin me lugë.
e) Hidheni në një filxhan tureeni ose supë dhe dekorojeni me barishte.

65. Velouté De Volaille a La Sénégalaise

PËRBËRËSIT:
- 4 Tb gjalpë
- Një tenxhere me fund të rëndë 3 deri në 4 litra
- 1 TB pluhur kerri
- 4 deri në 8 Tb miell (në varësi të sasisë tuaj të patateve)
- 5 deri në 6 gota lëng shpendësh

PËRBËRËS TË GATUAR OPTIONAL
- Pure patatesh, qepe te kremuara, brokoli, kastraveca, karrota, bizele, keshilla shpargu
- ½ filxhan (pak a shumë) krem i rëndë
- Rreth 1 filxhan mish gjeli të pjekur në kubikë ose feta hollë
- 4 Tb majdanoz ose qiqra të grirë të freskët, ose 2 Tb kërpudha ose tarragon të grirë

UDHËZIME:
Shkrini gjalpin në tenxhere. Përzieni pluhurin e kerit dhe gatuajeni ngadalë për 1 minutë. (Nëse nuk keni qepë të gatuara, shtoni ½ filxhan qepë të grira të papërpunuara dhe gatuajeni për rreth 10 minuta pa u skuqur.) Përzieni miellin dhe gatuajeni ngadalë për 2 minuta. Hiqeni nga zjarri, lëreni të ftohet për një moment, më pas rrihni fuqishëm në lëngun e nxehtë të shpendëve me një kamxhik teli. Ziejini, duke e përzier me kamxhik, për 1 minutë. Nëse përdorni qepë të ziera, grijini dhe shtoni në supë; nëse përdorni pure patatesh, rrihni ato me një lugë gjelle derisa supa të jetë aq e trashë sa dëshironi. Përziejeni kremin me lugë, duke e zier ngadalë, më pas e rregulloni me kujdes sipas shijes. Përzieni mishin e gjelit të detit, perimet dhe barishtet opsionale dhe lëreni të ziejë përsëri pak para se ta shërbeni. (Nëse nuk shërbehet menjëherë, ose nëse do të shërbehet e ftohtë, lyeni sipër supës me lëng ose krem për të parandaluar

formimin e lëkurës. Ftoheni nëse shërbehet e ftohtë; mund të dëshironi të përzieni më shumë krem dhe sipër çdo tas me më shumë të freskët. barishte.)

SALATA DHE ANËT

66. Sallatë Mimoza / Sallatë me Vinegrette, Vezë të Situr dhe Barishte

PËRBËRËSIT:

- Një vezë e qëruar e zier fort në një sitë
- 2 deri në 3 Tb barishte të freskëta jeshile ose majdanoz
- Kripë dhe piper
- Një kokë e madhe e Bostonit
- marule ose një përzierje zarzavate, të ndara, të lara dhe të thara
- Një tas sallate
- 1/3 deri në 1/2 filxhan vinegrette

UDHËZIME:

Shtyjeni vezën përmes sitës me gishta; hidhini me barishte, kripë e piper për shije. Pak përpara se ta shërbeni, hidhni zarzavate sallatë në tasin tuaj të sallatës me salcën dhe spërkatni mbi përzierjen e vezëve dhe barishteve.

67. Pommes De Terre a l'Huile / Sallatë franceze me patate

PËRBËRËSIT:

8 deri në 10 patate të mesme "të zierjes" (rreth 2 paund.)
Një tas përzierjeje prej 3 literësh
2 Tb verë të bardhë të thatë ose vermut të bardhë të thatë
2 Tb bujon pule
½ filxhan vinegrette
2 Tb qepë ose qepë të grirë
3 Tb majdanoz i grirë

UDHËZIME:

Zieni ose ziejini patatet në avull në xhaketat e tyre derisa të zbuten. Qëroni dhe prisni në feta ndërsa është ende e ngrohtë. Hidheni butësisht në enën e përzierjes me verën dhe bojën dhe pas disa minutash, hidheni përsëri. Kur lëngu të jetë përthithur nga patatet, hidhni vinegrette, qepë ose qepë dhe majdanoz.

Kjo sallatë shërbehet e shijshme e ngrohtë me salsiçe të nxehta, ose mund ta ftohni dhe ta shërbeni ose siç është, ose me ½ filxhan majonezë të palosur.

68. Salade Niçoise

PËRBËRËSIT:

3 gota bishtaja të gatuara më parë në një tas
3 domate të grira në një enë
$\frac{3}{4}$ deri në 1 filxhan vinegrette
1 kokë marule Boston, e ndarë, e larë dhe e tharë
Një tas i madh sallate ose pjatë e cekët
3 gota sallatë të ftohtë me patate franceze (receta e mëparshme)
$\frac{1}{2}$ filxhan ullinj të zinj pa fara, mundësisht të tipit të thatë mesdhetar
3 vezë të ziera, të ftohta, të qëruara dhe të grira në katër pjesë
12 fileto açuge të konservuara, të kulluara, të sheshta ose të mbështjella me kaperi
Rreth 1 filxhan (8 ons) ton i konservuar, i kulluar

UDHËZIME:

Hidhni gjethet e marules në tasin e sallatës me $\frac{1}{4}$ filxhan vinegrette dhe vendosni gjethet rreth tasit.

Rregulloni patatet në fund të një tasi, dekorojini me fasulet dhe domatet, duke i gërshetuar me një dizajn ton, ullinj, vezë dhe açuge.

Hidhni pjesën e mbetur të salcës mbi sallatën, spërkatni me barishte dhe shërbejeni.

69. Gratin Dauphinois / Patate të pjekura ose Gratin

PËRBËRËSIT:

2 paund. patate të "valuar", të qëruara
1 filxhan qumësht
Një enë pjekjeje me 6 filxhanë rezistente ndaj flakës, 2 inç e thellë
1 thelpi i vogël hudhër i grirë
1 lugë kripë
$\frac{1}{8}$ lugë piper
3 deri në 4 Tb gjalpë

UDHËZIME:

Ngroheni furrën në 425 gradë.
Pritini patatet $\frac{1}{8}$ inç të trasha dhe hidhini në një tas me ujë të ftohtë. Vendoseni qumështin të vlojë në një enë pjekjeje me hudhër, kripë dhe piper. Kulloni patatet, shtoni në qumësht të vluar dhe shpërndani mbi to gjalpë. Piqini në furrën e nxehur më parë për rreth 25 minuta, derisa qumështi të përthithet, patatet të jenë të buta dhe sipër të ketë marrë ngjyrë kafe. (Nëse nuk shërbehet menjëherë, mbajeni të ngrohtë, pa mbuluar, duke shtuar edhe pak qumësht nëse patatet duken të thata.)
Shërbejeni me të pjekura, biftekë ose bërxolla.

70. Gratin De Pommes De Terre Et Saucisson

PËRBËRËSIT:

3 gota patate të prera në feta, të ziera më parë (rreth 1 lb.)
1 filxhan qepë të grira, të gatuara më parë në gjalpë
½ paund. sallam polak i prerë në feta
Një enë pjekjeje ose pjatë byreku të lyer me pak gjalpë, 8 inç në diametër dhe 2 inç të thellë
3 vezë
1½ filxhan krem i lehte
¼ lugë kripë
⅛ lugë piper
¼ filxhan djathë zviceran i grirë
1 Tb gjalpë

UDHËZIME:

Ngroheni furrën në 375 gradë.
Në enë për pjekje vendosim shtresa me patate, qepë dhe sallam. Përzieni vezët, kremin, kripën dhe piperin në një tas, derdhni në një enë pjekjeje, spërkatni me djathë dhe lyeni me gjalpë. Piqni në të tretën e sipërme të furrës së parangrohur për 30 deri në 40 minuta, derisa pjesa e sipërme të jetë skuqur mirë.
Shërbejeni si pjatë e drekës ose darkës së pjatës kryesore.

71. Purée De Pommes De Terre a l'Ail

PËRBËRËSIT:

Salca e hudhrës

2 koka hudhër, rreth 30 thelpinj
4 Tb gjalpë
Një tenxhere e mbuluar me 3 deri në 4 filxhanë
2 Tb miell
1 filxhan qumësht të nxehtë
¼ lugë kripë dhe pak piper

PËRZIERJA ME PATATET

2½ paund. patate për pjekje
4 Tb gjalpë
Kripë dhe piper
3 deri në 4 Tb krem i trashë
¼ filxhan majdanoz të freskët të grirë

UDHËZIME:

Ndani thelpinjtë e hudhrës dhe hidhini në ujë të valë; zieni 2 minuta, kullojeni dhe qëroni. Më pas gatuajeni hudhrën ngadalë në gjalpë për rreth 20 minuta në tenxheren e mbuluar, derisa të zbuten shumë, por të mos marrin fare ngjyrë kafe. Përzieni miellin, gatuajeni ngadalë për 2 minuta. E heqim nga zjarri, i rrahim me qumësht dhe erëza të nxehta dhe i ziejmë duke e trazuar për 1 minutë. Nëse nuk përdoret menjëherë, lëreni mënjanë dhe ngroheni më vonë.

Qëroni dhe katërt patatet. Ose ziejini në ujë të kripur ose ziejini me avull derisa të zbuten; vendoseni përmes një orizi në një tenxhere të rëndë. Përziejini shkurtimisht mbi nxehtësi mesatarisht të lartë derisa patatet të filmojnë fundin e tiganit, më pas përzieni gjalpin dhe kripën dhe piperin për shije. Mbajini të zbuluara mbi ujë të zier derisa të jenë gati për t'u shërbyer - por sa më shpejt të shërbehen aq më mirë. Pak para se të hyni në dhomën e ngrënies, fërkojeni hudhrën përmes një sitë në patate; rrihni kremin dhe majdanozin dhe kthejeni në një pjatë servirjeje të nxehtë dhe të lyer me gjalpë.

72. Concombres Persillés, Ou a La Crème / Kastravecat me krem

PËRBËRËSIT:
MACERIMI I kastravecave
6 tranguj rreth 8 inç të gjatë
2 Tb uthull vere
1½ lugë kripë
⅛ lugë sheqer
GATIMIN
2 deri në 3 Tb gjalpë
Një tigan ose tenxhere e madhe e emaluar me fund të rëndë
Kripë dhe piper
2 Tb qepë ose qepë të grirë
Opsionale: 1 filxhan krem i trashë i zier përgjysmë në një tenxhere të vogël
3 Tb majdanoz i freskët i grirë

UDHËZIME:
Qëroni kastravecat, prijini përgjysmë për së gjati dhe hiqni farat me një lugë çaji. Pritini në shirita për së gjati rreth ⅜ inç të gjera, më pas pritini shiritat në copa 2 inç. Hidheni në një tas me uthull, kripë dhe sheqer dhe lëreni të qëndrojë për të paktën 20 minuta. Kullojeni dhe thajeni në peshqir letre pak para përdorimit.

Ngroheni gjalpin derisa të flluskojë në tigan ose tenxhere. Shtoni kastravecat dhe qepujt ose qepët; gatuajeni ngadalë, duke i hedhur shpesh, për rreth 5 minuta, derisa kastravecat të jenë të freskëta të buta, por jo të skuqura. Pak para se ta servirni, lyeni me kremin sipas dëshirës dhe majdanozin. Kthejeni në një pjatë të nxehtë.

73. Navets a La Champenoise / Tavë me rrepë dhe qepë

PËRBËRËSIT:

- 2½ paund. rrepa të verdhë ose rutabaga (rreth 8 gota të prera në kubikë)
- ⅔ filxhan i prerë imët me yndyrë dhe pa dhjamë, prapanicë derri të freskët ose derri anësor; ose 3 Tb gjalpë ose vaj gatimi
- ⅔ filxhan qepë të prera imët
- 1 Tb miell
- ¾ filxhan bujon viçi
- ¼ luge sherebele
- Kripë dhe piper
- 2 deri në 3 Tb majdanoz i freskët i grirë

UDHËZIME:

Qëroni rrepat, pritini në katërsh dhe më pas në feta ½ inç; Pritini feta në shirita ½ inç dhe shiritat në kube ½ inç. Hidheni në ujë të vluar me kripë dhe ziejini pa mbuluar për 3 deri në 5 minuta, ose derisa të zbuten pak. Kullojeni.

Nëse po përdorni mishin e derrit, kaurdiseni ngadalë në një tenxhere 3 litra derisa të skuqet shumë lehtë; në të kundërt shtoni në tigan gjalpin ose vajin. Përzieni qepët, mbulojeni dhe ziejini ngadalë për 5 minuta pa u skuqur. Përzieni miellin dhe gatuajeni ngadalë për 2 minuta. E heqim nga zjarri, e rrahim në bujon, e kthejmë në zjarr dhe e lëmë të ziejë. Shtoni sherebelën, më pas palosni rrepat. I rregullojmë sipas shijes me kripë dhe piper.

Mbulojeni tiganin dhe ziejini ngadalë për 20 deri në 30 minuta, ose derisa rrepat të zbuten. Nëse salca është shumë e lëngshme, zbulojeni dhe ziejini ngadalë për disa minuta derisa lëngu të pakësohet dhe të trashet. Erëza e duhur. (Mund të gatuhet përpara. Ftoheni pa mbuluar; mbulojeni dhe ziejini disa çaste përpara se ta shërbeni.)

Për ta servirur hidhni majdanozin dhe kthejeni në një pjatë të nxehtë për servirje.

74. Asparagus

PËRBËRËSIT:

1 kuti shparg të prerë të ngrirë
2 Tb kripë
2 Tb gjalpë në një tigan
Kripë dhe piper

UDHËZIME:

Lërini shpargujt të shkrihen derisa copat të ndahen nga njëra-tjetra. Më pas hidheni në 4 litra ujë të vluar me shpejtësi. Shtoni 2 lugë kripë, kthejeni shpejt në valë dhe ziejini pa mbuluar për 3 ose 4 minuta, derisa shpargujt mezi të zbuten. Kullojeni. Nëse nuk shërbehet menjëherë, hidhni ujë të ftohtë mbi shparg për të ndaluar gatimin dhe për të vendosur ngjyrën dhe strukturën e freskët. Disa minuta para se ta shërbeni, hidhni butësisht 2 lugë gjalpë të nxehtë për të përfunduar gatimin. I rregullojmë sipas shijes me kripë dhe piper.

75. Artichauts Au Naturel / Angjinare të Ziera të plota

PËRBËRËSIT:
- Angjinarja

UDHËZIME:
PËRGATITJA PËR GATIM
a) Angjinarja një nga një, hiqni kërcellin duke e përkulur në bazën e angjinares derisa kërcelli të këputet, më pas këputni gjethet e vogla në bazë. Pritini bazën me thikë në mënyrë që angjinarja të qëndrojë fort drejt.

b) Në fund vendoseni angjinarin në anën e saj dhe priteni tre të katërtat e inçit nga sipër; shkurtoni pikat e gjetheve të mbetura me gërshërë.

c) Lani me ujë të ftohtë të rrjedhshëm dhe hidheni në një legen me ujë të ftohtë që përmban 1 lugë gjelle uthull për litër. Uthulla parandalon që angjinaret të zbardhen përpara se t'i gatuani.

GATIMIN
d) Zhytni angjinaret e përgatitura në një kazan të madh me ujë të kripur që zien me shpejtësi dhe vendosni mbi to një shtresë të dyfishtë napë të larë për të mbajtur pjesët e ekspozuara të njoma gjatë gatimit. Gatuani, pa mbuluar, në valë të ngadaltë për 35 deri në 45 minuta, në varësi të madhësisë.

e) Angjinaret bëhen kur gjethet e poshtme tërhiqen - hani një si provë: gjysma e poshtme duhet të jetë e butë - dhe kur një thikë do ta shpojë me lehtësi pjesën e poshtme. Hiqeni menjëherë dhe kullojeni me kokë poshtë në një kullesë.

SHËRBIMI DHE ngrënia
f) I vendosim angjinaret drejt dhe i shërbejmë në pjata me madhësi sallatë me diametër rreth 8 centimetra, ose në pjata speciale të artiçokut. Për të ngrënë një angjinare,

hiqni një gjethe dhe mbajeni majën e saj në gishta. Lyejeni pjesën e poshtme të gjethes në gjalpë të shkrirë ose në një nga salcat e sugjeruara, më pas fshijeni mishin e saj të butë midis dhëmbëve.

g) Kur të keni kaluar nëpër gjethe, do të vini në fund, të cilin e hani me thikë dhe pirun pasi ta keni gërvishtur dhe hedhur mbytjen ose rritjen e qendrës me qime që e mbulon.

salcat

h) Gjalpë i shkrirë, gjalpë limoni ose hollandaise për angjinare të nxehtë ose të ngrohtë; vinegrette (sallë franceze), salcë mustardë ose majonezë për angjinaret e ftohta.

76. Ratatouille

PËRBËRËSIT:
kriposja paraprake
- ½ paund. Patëllxhan
- ½ paund. kungull i njomë
- Një tas përzierjeje prej 3 literësh
- 1 lugë kripë

SUTÉING
- 4 ose më shumë Tb vaj ulliri
- Një tigan 10 deri në 12 inç i emaluar ose që nuk ngjit
- ½ paund. (1½ filxhan) qepë të prera në feta
- 1 filxhan speca jeshil të prerë në feta (rreth 2 speca)
- 2 thelpinj hudhër të grirë
- Kripë dhe piper
- 1 paund. domate, të qëruara, me fara dhe lëngje (1½ filxhan tul), ose 1 filxhan domate të konservuara në formë dardhe të kulluara
- 3 Tb majdanoz i grirë

MONTIMI DHE PJEKJA
- Një tavë 2½ litërshe e papërshkueshme nga flaka 2 inç e thellë

UDHËZIME:
a) Qëroni patëllxhanin dhe priteni në feta për së gjati ⅜ inç të trasha. Pastroni kungull i njomë nën ujë të ftohtë, pritini dhe hidhni dy skajet dhe pritini kungull i njomë në copa të gjata ⅜ inç të trasha. Hidhini perimet së bashku në një tas me kripë dhe lërini të qëndrojnë për 30 minuta. kulloj; thajeni në një peshqir.

b) Ngrohim vajin e ullirit në tigan, më pas kaurdisim patëllxhanin dhe fetat e kungujve të njomë derisa të marrin një ngjyrë kafe të lehtë nga të dyja anët. Hiqeni në pjatën anësore. Shtoni më shumë vaj nëse është e nevojshme dhe ziejini qepët dhe specat ngadalë derisa të zbuten. Hidhni hudhrat dhe rregulloni me kripë dhe piper. Pritini tulin e domates në rripa dhe vendoseni mbi qepë dhe speca.

c) Mbulojeni tiganin dhe gatuajeni për 5 minuta, më pas zbulojeni, ngrini nxehtësinë dhe ziejini për disa minuta derisa lëngu i domates të ketë avulluar pothuajse plotësisht. I rregullojmë me kripë dhe piper; palosni majdanozin.

d) Hidhni një të tretën e përzierjes së domates në fund të tavës. Sipër radhitni gjysmën e patëllxhanit dhe kungujve, pastaj gjysmën e domateve të mbetura. Mbulojeni me patëllxhanin e mbetur dhe kungull i njomë, dhe të fundit të përzierjes së domates. Mbulojeni tavën dhe ziejini në zjarr të ulët për 10 minuta. Zbulojeni, hidhni tavën dhe lyejeni me lëngjet e përftuara dhe korrigjoni erëzat nëse është e nevojshme. Ngrini nxehtësinë pak dhe ziejini ngadalë derisa lëngjet të jenë avulluar pothuajse tërësisht.

e) Shërbejeni të nxehtë me të pjekura, biftekë, hamburger, peshk të zier.

f) Shërbejeni të ftohtë me mish të ftohtë dhe peshk, ose si një hors d'oeuvre të ftohtë.

77. Moussaka

PËRBËRËSIT:
KRIPESJA PARAPRAKE DHE PJEKJA E PATELLIZANIT
- 5 paund. patëllxhanë (4 deri në 5 patëllxhanë, secila 7 deri në 8 inç e gjatë)
- 1 Tb kripë
- 2 Tb vaj ulliri
- Një tigan i cekët për pjekje
- 1 Tb vaj ulliri
- Një tas përzierjeje prej 3 literësh

MONTIMI DHE PJEKJA
- Një enë pjekjeje cilindrike 2 litra e lyer me pak vaj, $3\frac{1}{2}$ deri në 4 inç e thellë dhe 7 inç në diametër
- $2\frac{1}{2}$ gota mish qengji të pjekur në bluar
- $\frac{2}{3}$ filxhan qepë të grira, të gatuara më parë në gjalpë
- 1 filxhan kërpudha të grira, të gatuara më parë në gjalpë
- 1 lugë kripë
- $\frac{1}{8}$ lugë piper
- $\frac{1}{2}$ lugë trumzë
- $\frac{1}{2}$ lugë rozmarinë e bluar
- 1 thelpi i vogël hudhër i grirë
- $\frac{2}{3}$ filxhan lëng viçi ose supë e zier për 2 minuta me $\frac{1}{2}$ Tb niseshte misri
- 3 TB pastë domate
- 3 vezë (të klasifikuara në SHBA "të mëdha")
- Një tigan me ujë të vluar
- Një pjatë shërbimi

UDHËZIME:
a) Ngroheni furrën në 400 gradë.
b) Hiqni kapakët e gjelbër dhe pritini patëllxhanët në gjysmë për së gjati; prerë çarje të thella në mishin e secilës gjysmë. Spërkateni me kripë dhe lëreni të

qëndrojë për 30 minuta. Shtrydhni ujin, thajeni anën e mishit dhe lyejeni me vaj ulliri.

c) Hidhni $\frac{1}{2}$ inç ujë në një tavë pjekjeje, shtoni patëllxhanët, me anën e mishit lart dhe piqini për 30 deri në 40 minuta në një furrë të parangrohur ose derisa të zbuten. Hiqni mishin duke i lënë të paprekura lëkurat e patëllxhanit (përdorni një lugë ose thikë grejpfruti).

d) Pritini mishin dhe skuqeni për një ose dy minuta në vaj ulliri të nxehtë. Kthejeni në enë për përzierje.

e) Lini mykun me lëkurat e patëllxhanit, skajet e mprehta që takohen në qendër-fundin e mykut, anët e purpurta kundër mykut. Rrihni të gjithë përbërësit e mësipërm në patëllxhanin e grirë, kthejeni në myk të rreshtuar dhe palosni lëkurat e patëllxhanëve të varura sipër sipër. Mbulojeni me letër alumini dhe kapak. Piqni në një tavë me ujë të vluar në furrë 375 gradë për 1 orë e gjysmë. Lëreni të ftohet për 10 minuta, më pas zbërthejeni në një enë për servirje.

f) Shërbejeni të nxehtë me salcë domate, oriz të zier në avull, bukë franceze dhe verë roze.

g) Shërbejeni të ftohtë me sallatë domate, bukë franceze dhe verë roze.

78. Laitues Braisées / Marule e pjekur

PËRBËRËSIT:
- 2 koka mesatare marule Boston;
- 1 koke eskarole ose cikore

LARJE
- Një kazan i madh që përmban 7 deri në 8 litra ujë të vluar
- 1½ lugë kripë për litër ujë
- Kripë dhe piper

GJYRI
- Për 6 koka çikore ose eskarolë; 12 koka marule të Bostonit
- Një tavë 12 inç e papërshkueshme nga flaka me kapak
- 6 feta të trasha proshutë, të ziera më parë për 10 minuta në 2 litra ujë, më pas të kulluara
- 2 Tb gjalpë
- ½ filxhan qepë të prera në feta
- ½ filxhan karota të prera në feta
- Opsionale: ½ filxhan vermut të bardhë të thatë
- Rreth 2 gota bujone viçi

Salca DHE SHËRBIMI
- Një pjatë e nxehtë për servirje
- 1 lugë gjelle niseshte misri të përzier me 1 lugë gjelle vermut ose bujon të ftohtë
- 1 Tb gjalpë

UDHËZIME:
a) Pritini kërcellet e marules dhe hiqni gjethet e thara. Duke e mbajtur marulen nga fundi i kërcellit, pomponi lart e poshtë butësisht në një legen me ujë të ftohtë për të hequr të gjitha papastërtitë.

b) Hidhni 2 ose 3 koka marule të larë në ujin e vluar dhe ziejini ngadalë, pa mbuluar, 3 deri në 5 minuta derisa marulja të jetë e çalë. Hiqni marulen e çalë, zhyteni në ujë të ftohtë dhe vazhdoni me pjesën tjetër. Një nga një, shtrydhni kokat butësisht, por fort në të dyja duart për të eliminuar sa më shumë ujë. Pritini kokat e mëdha në gjysmë për së gjati; lërini të tëra kokat e vogla.

c) Spërkateni me kripë dhe piper; palosni kokat në gjysmë në mënyrë tërthore për të bërë forma trekëndore.

d) Një buqetë me barishte mesatare: 4 degë majdanozi, $\frac{1}{4}$ lugë gjelle trumzë dhe një gjethe dafine e lidhur me napë të larë

e) Ngroheni furrën në 325 gradë.

f) Në tavë kaurdisni proshutën në gjalpë për një ose dy minuta që të skuqet shumë lehtë. Hiqni proshutën, përzieni qepët dhe karotat dhe gatuajeni ngadalë për 8 deri në 10 minuta derisa të zbuten, por jo të skuqen. Hiqni gjysmën e perimeve, rregulloni marulen mbi pjesën tjetër, më pas mbulojeni me perimet e ziera dhe proshutën.

g) Hidhni vermut opsional dhe bollon aq sa të mbulojë marulen. Lëreni të ziejë, vendosni një copë letër të dylluar mbi marule, mbuloni tavën dhe piqeni në nivelin e mesëm të furrës së parangrohur. Marulja duhet të ziejë shumë ngadalë për rreth 2 orë. (Mund të gatuhet përpara deri në këtë pikë; ngroheni përsëri përpara hapit tjetër.)

h) Hiqeni marulen në pjatën e servirjes. Ziejeni me shpejtësi lëngun e gatimit, nëse është e nevojshme, në rreth $\frac{1}{2}$ filxhan. Hiqeni nga zjarri. Rrihni përzierjen e niseshtës së misrit në lëngun e gatimit dhe ziejini, duke e trazuar, për 2 minuta. Hiqeni nga zjarri, vloni me gjalpë, derdhni sipër marule dhe shërbejeni.

79. Choucroute Braisée a l'Alsacienne / Lakër turshi i zier

PËRBËRËSIT:
GATIM PARAPRAK
- ½ paund. proshutë me feta të trasha
- Një tavë rezistente ndaj flakës 2½ deri në 3 litra me kapak
- 3 Tb yndyrë pate ose derri, ose vaj gatimi
- ½ filxhan karota të prera në feta
- 1 filxhan qepë të prera në feta

GJYRI
- 4 degë majdanozi, 1 gjethe dafine, 6 kokrra piper dhe, nëse ka, 10 kokrra dëllinjë të lidhura të gjitha në napë të larë
- Opsionale: 1 filxhan verë të bardhë të thatë ose ¾ filxhan vermut të bardhë të thatë
- 3 deri në 4 gota supë pule
- Kripë

UDHËZIME:
a) Prisni proshutën në copa 2 inç, ziejini për 10 minuta në 2 litra ujë, kullojeni dhe thajeni. Në tavë, kaurdisim proshutën ngadalë në yndyrë ose vaj me perimet për 10 minuta pa u skuqur. Hidhni lakër turshi, hidheni të mbulohet me yndyrën dhe perimet, mbuloni tavën dhe gatuajeni ngadalë për 10 minuta.
b) Ngrohni furrën në 325 gradë për hapin tjetër.)
c) Varrosni paketën e barishteve dhe erëzave në lakër turshi. Hidhni verën sipas dëshirës dhe sasinë e vogël të pulës sa të mbulojë lakër turshi.
d) E lëmë të ziejë, e kriposim lehtë, e shtrojmë një copë letër të dylluar mbi lakër turshi, e mbulojmë tavën dhe e vendosim në nivelin e mesëm të furrës së parangrohur.

e) Lakra turshi duhet të ziejë shumë ngadalë për rreth 4 orë dhe duhet të thithë të gjithë lëngun e gatimit në momentin që të jetë gati.

80. Champignons Sautés Au Beurre / Sautéed Mushrooms

PËRBËRËSIT:
- Një tigan 10 inç që nuk ngjit
- 2 Tb gjalpë
- 1 Tb vaj ulliri i lehtë ose vaj gatimi
- ½ paund. kërpudha të freskëta, të lara dhe të thara (kërpudha të vogla të plota, ose kërpudha të prera ose të prera në katër pjesë)
- 1 deri në 2 Tb qepe ose qepë të grirë
- Opsionale: 1 thelpi hudhër të shtypur, 2 deri në 3 Tb majdanoz të grirë
- Kripë dhe piper

UDHËZIME:
Vendoseni tiganin në zjarr të fortë dhe shtoni gjalpin dhe vajin. Sapo të shihni se shkuma e gjalpit fillon të ulet, shtoni kërpudhat. Hidheni dhe tundeni shpesh tiganin në mënyrë që kërpudhat të gatuhen në mënyrë të barabartë. Në fillim, kërpudhat do të thithin yndyrën në tigan; në pak minuta yndyra do të rishfaqet në sipërfaqe dhe kërpudhat do të fillojnë të skuqen. Kur të skuqen lehtë, shtoni qepujt ose qepët dhe hudhrat opsionale. Hidheni edhe për një moment dhe hiqeni nga zjarri. Ngroheni dhe sezoni sipas shijes me kripë, piper dhe majdanoz opsional pak përpara se ta shërbeni.

81. Salcë Tallëse Hollandaise (Bâtarde)

PËRBËRËSIT:

- 3 Tb gjalpë të zbutur ose të shkrirë
- 3 Tb miell
- $1\frac{1}{4}$ filxhan ujë ose qumësht të nxehtë me perime
- 1 e verdhë veze e përzier në një tas me $\frac{1}{4}$ filxhan krem të trashë
- Kripë dhe piper
- 1 deri në 2 Tb lëng limoni
- 2 ose më shumë Tb gjalpë të zbutur

UDHËZIME:

a) Përzieni gjalpin dhe miellin në një tenxhere të vogël me një shpatull gome.

b) Duke përdorur një kamxhik teli, rrihni lëngun e nxehtë dhe më pas lëreni të vlojë duke e rrahur ngadalë.

c) Me dribleta, rrihni këtë salcë të nxehtë në të verdhën e vezës dhe kremin, hidheni përsëri në tenxhere dhe lëreni të vlojë duke e trazuar.

d) E heqim nga zjarri dhe e rregullojmë sipas shijes me kripë, piper dhe lëng limoni. Nëse nuk duhet të shërbehet menjëherë, pastroni anët e tiganit me shpatull gome dhe sipër salcës lyeni me gjalpë të zbutur për të parandaluar formimin e lëkurës.

e) Ngroheni pak përpara se ta shërbeni, hiqeni nga zjarri dhe rrihni me lugë gjelle gjalpin e zbutur.

82. Creme Anglaise (Salcë kremi francez)

PËRBËRËSIT:
- 3 te verdha veze
- Një tenxhere prej 1½ litër prej çeliku të pandryshkshëm ose të emaluar
- ⅓ filxhan sheqer të grimcuar
- 1¼ filxhan qumësht të nxehtë
- 2 lugë ekstrakt vanilje
- Opsionale: 1 Tb rum
- 1 Tb gjalpë i zbutur

UDHËZIME:
a) Rrihni të verdhat e vezëve në tenxhere derisa të trashet dhe të ngjitet (1 minutë), rrahim gradualisht sheqerin, më pas rrahim qumështin e nxehtë me pika.

b) Përziejeni në zjarr mesatarisht të ulët me një lugë druri derisa salca të trashet aq sa të lyejë lugën - mos e lini salcën të ziejë, përndryshe të verdhat e vezëve do të ziejnë.

c) Hiqeni nga zjarri dhe përzieni vaniljen, më pas rumin opsional dhe gjalpin. Shërbejeni të ngrohtë ose të ftohtë.

83. Kërpudha me krem

PËRBËRËSIT:
- ¾ paund. kërpudha të freskëta të grira hollë
- 2 Tb gjalpë dhe 1 Tb vaj gatimi
- 2 Tb qepë ose qepë të grirë
- 2 Tb miell
- Rreth ½ filxhan krem mesatar
- Kripë dhe piper

UDHËZIME:
Kaurdisni kërpudhat në gjalpë dhe vaj të nxehtë për disa minuta, derisa copat të fillojnë të ndahen nga njëra-tjetra. Përzieni qepujt ose qepët dhe gatuajeni edhe një moment. Ulni nxehtësinë, përzieni miellin dhe gatuajeni, duke e trazuar, për 2 minuta. E heqim nga zjarri dhe e përziejmë gjysmën e kremit. Ziejini, duke e trazuar, për një moment dhe duke shtuar më shumë krem me lugë. Kërpudhat thjesht duhet të mbajnë formën e tyre kur ngrihen në një lugë. I rregullojmë me kujdes me kripë dhe piper. Ngroheni pak përpara se ta shërbeni.

84. Salcë mousseline Sabayon

PËRBËRËSIT:
- $\frac{1}{4}$ filxhan lëng të reduktuar për gatimin e peshkut
- Krem i rëndë 3 TB
- 4 te verdha veze
- Një tenxhere me 6 filxhanë të emaluar dhe një kamxhik teli
- $1\frac{1}{2}$ deri në 2 shkopinj (6 deri në 8 ons) gjalpë të zbutur
- Kripë, piper të bardhë dhe pika lëng limoni

UDHËZIME:
a) Përzieni lëngun e peshkut, kremin dhe të verdhat e vezëve në tenxhere me një kamxhik teli.

b) Më pas përzieni në zjarr të ulët derisa masa të trashet ngadalë në një krem të lehtë që mbulon telat e kamxhikut - kujdes që të mos nxehen shumë përndryshe të verdhat e vezëve do të përzihen, por duhet t'i ngrohni aq sa të trashen.

c) Hiqeni nga zjarri dhe filloni të rrahni menjëherë gjalpin, një lugë gjelle. Salca gradualisht do të trashet në një krem të trashë.

d) Spërkateni sipas shijes me kripë, piper dhe me pika lëng limoni. Mbajeni ujë të vakët – jo të nxehtë – derisa të jeni gati për t'u përdorur.

DESSERTS

85. Pate Feuilletée / Pastë frëngjisht

PËRBËRËSIT:

- 3 deri në 4 guaska, ose 8 predha prej tre inçësh dhe
- 8 predha meze dy inç

DÉTREMPE

- 1 filxhan miell të rregullt për të gjitha përdorimet dhe $3\frac{3}{4}$ filxhan miell pastiçerie (masa duke e shoshitur direkt në gota me masë të thatë dhe duke fshirë tepricën)
- Një tas përzierjeje
- 6 Tb gjalpë të ftohur pa kripë
- 2 lugë kripë të tretur në $\frac{3}{4}$ filxhani ujë shumë të ftohtë (më shumë ujë me pika nëse është e nevojshme)

PAKOJA

- 2 shkopinj ($\frac{1}{2}$ lb.) gjalpë të ftohur pa kripë

UDHËZIME:

a) Vendosni miellin në enën e përzierjes, shtoni gjalpë dhe fërkojeni shpejt së bashku me majat e gishtave ose punoni me një blender pastiçerie, derisa përzierja të ngjajë me një vakt të trashë.

b) Përzieni me shpejtësi në ujë me gishtat pak të mbështjellë të njërës dorë, duke e shtypur përzierjen fort së bashku dhe duke shtuar më shumë ujë me pika për të bërë një brumë të fortë por të lakueshëm.

c) Gatuani shkurtimisht në një tortë me diametër 6 inç, duke e punuar brumin sa më pak të jetë e mundur. Mbështillleni me letër të depiluar dhe ftohni për 30 deri në 40 minuta. Më pas hapeni në një rreth 10 inç.

d) Rrihni dhe gatuajeni gjalpin derisa të jetë krejtësisht i lëmuar, pa gunga, i lakueshëm, por ende i ftohtë. Formoni në një katror 5 inç dhe vendoseni në mes të rrethit të brumit. Sillni skajet e brumit mbi gjalpë për ta mbyllur plotësisht. Mbyllni skajet me gishta.

e) Miell lehtë dhe rrokulliset me shpejtësi në një drejtkëndësh të barabartë rreth 16 me 6 inç. Si të palosni një shkronjë, sillni skajin e poshtëm deri në mes dhe skajin e sipërm poshtë për ta mbuluar, duke bërë tre shtresa të barabarta.
f) Kthejeni pastën në mënyrë që skaji i sipërm të jetë në të djathtën tuaj, rrotulloni përsëri brumin në një drejtkëndësh. Paloseni në tre, mbështilleni me letër të dylluar dhe një qese plastike; dhe ftoheni 45 minuta deri në 1 orë.
g) Përsëriteni me dy role të tjera dhe palosje; ftohni përsëri, pastaj plotësoni dy rrotullat e fundit dhe palosni, duke bërë gjithsej gjashtë. (Këto quhen kthesa.)
h) Pas një ftohjeje përfundimtare prej 45 deri në 60 minuta, brumi i petë është gati për tu dhënë formë. I mbështjellë mirë, brumi mund të ruhet në frigorifer për disa ditë ose mund të ngrihet.

86. Vol-au-Vent / Predha e Madhe

PËRBËRËSIT:
- Brumë pastiçerie (receta e mëparshme)
- Glazurë me vezë (1 vezë e rrahur me 1 lugë ujë)

UDHËZIME:
a) Rrokullisni brumin e pastave të ftohur në një drejtkëndësh rreth $\frac{3}{8}$ inç të trashë, 18 inç të gjatë dhe 10 inç të gjerë. Pritini 2 rrathë prej shtatë deri në tetë inç në brumë, duke i përqendruar mirë në pastë në mënyrë që të mos prekin skajet.

b) Hidhni ujë të ftohtë mbi një fletë pjekjeje. Vendosni një rreth brumi në qendër, lyeni rreth perimetrit të sipërm me ujë të ftohtë. Prisni një rreth 5 deri në 6 inç nga qendra e rrethit të dytë, duke bërë kështu një unazë dhe një rreth më të vogël. Vendoseni unazën në vend në rrethin e parë, duke mbyllur dy pjesët e brumit së bashku me gishtat. Tani keni një cilindër të sheshtë me dy shtresa. Shponi qendrën e shtresës së poshtme me një pirun, në mënyrë që qendra të mos ngrihet gjatë pjekjes.

c) Rrokullisni rrethin më të vogël dhe prejeni në një rreth 7-8 inç për të formuar një mbulesë për cilindrin e ëmbëlsirave. Lagni pjesën e sipërme të cilindrit me ujë të ftohtë dhe shtypni rrethin përfundimtar në vend.

d) Mbyllni tre shtresat e brumit së bashku me buzën e pasme të një thike, duke e mbajtur atë vertikalisht dhe duke shtypur dhëmbëzat në skajet e brumit çdo $\frac{1}{8}$ inç rreth e rrotull. Ftoheni për 30 minuta para pjekjes. Pak para pjekjes, lyeni pjesën e sipërme me glazurë vezësh dhe vizatoni gishtat e pirunit mbi sipërfaqen e lustruar për të bërë shenja dekorative të kryqëzimit.

e) Piqeni për 20 minuta në nivelin e mesëm të furrës së parangrohur në 400 gradë. Kur të trefishohet lartësia dhe të fillojë të skuqet mirë, uleni nxehtësinë në 350 gradë dhe piqini 30 deri në 40 minuta më gjatë, derisa anët të jenë kafe dhe të freskëta.
f) Pritini nën kapakun e sipërm, hiqeni atë dhe gërmoni me pirun pastë e papjekur nga lëvozhga. Piqni pa mbuluar edhe 5 minuta që të thahet pjesa e brendshme, më pas ftoheni në një raft. Ngroheni për disa minuta në 400 gradë përpara se ta shërbeni me çdo mbushje të nxehtë që keni zgjedhur.

87. Krem Chantilly / Krem i rrahur lehtë

PËRBËRËSIT:

- ½ linte (1 filxhan) krem i ftohur i rëndë ose i rrahur
- Një tas i ftohtë 3-litërsh
- Një kamxhik i madh teli, i ftohur
- 2 Tb sheqer ëmbëlsirash të situr
- 1 deri në 2 Tb liker ose 1 lugë ekstrakt vanilje
- 2 trashësi napë të lagur, të larë të vendosur në një sitë mbi një tas

UDHËZIME:

Hidhni kremin në enën e ftohur dhe rrihni ngadalë me kamxhik derisa kremi të fillojë të shkumëzojë. Rriteni gradualisht shpejtësinë e rrahjes në mesatare dhe vazhdoni derisa rrahësi të lërë gjurmë të lehta në sipërfaqen e kremit dhe pak i ngritur dhe i rënë do të ruajë butësisht formën e tij. (Në mot të nxehtë, është më mirë ta rrihni mbi akull të plasaritur.) Palosni butësisht sheqerin e situr dhe aromatizuesit. Nëse po e bëni kremin paraprakisht, kthejeni atë në një sitë të veshur me napë dhe vendoseni në frigorifer; kremi do të qëndrojë i rrahur dhe lëngu i shijshëm që ka depërtuar në fund të tasit mund të përdoret për diçka tjetër.

88. Crème Renversée Au Caramel / Krem me karamel të derdhur

PËRBËRËSIT:
- 5 vezë (të klasifikuara në SHBA "të mëdha")
- 4 te verdha veze
- Një tas përzierës prej 2½ litërsh dhe kamxhik teli
- ¾ filxhan sheqer të grimcuar
- 3¾ gota qumësht të zier
- Një fasule vanilje e zhytur për 10 minuta në qumësht të nxehtë, ose 1½ lugë ekstrakt vanilje
- Një kallëp cilindrik i karamelizuar ose enë pjekjeje me 6 filxhanë me thellësi rreth 3½ inç
- Një tigan me ujë të vluar

UDHËZIME:
Ngroheni furrën në 350 gradë.

Rrihni vezët dhe të verdhat në enën e përzierjes me një kamxhik teli; rrahni gradualisht në sheqer. Kur përzierja të jetë e lehtë dhe me shkumë, rrihni në qumësht të nxehtë në një rrjedhë shumë të hollë. (Rrihini me ekstrakt vanilje nëse përdoret.) Kullojeni përmes një sitë të imët në myk të karamelizuar. Hidhni në një tavë me ujë të vluar dhe piqni në një të tretën e poshtme të furrës së parangrohur. Për të siguruar një krem të butë, rregulloni nxehtësinë në mënyrë që uji në tigan të mos ziejë kurrë plotësisht. Kremi bëhet për rreth 40 minuta, ose kur një thikë e zhytur në qendër del e pastër.

Për ta servirur të ngrohtë, lëreni për 10 minuta në një tigan me ujë të ftohtë. Ktheni një pjatë të ngrohtë për servirje përmbys mbi kremin, më pas kthejeni të dyja për të zbërthyer kremin.

Për ta servirur të ftohtë, lëreni të ftohet në temperaturën e dhomës; ftohni disa orë, pastaj zhvisheni.

89. Sufle Flaming / Crème Anglaise

PËRBËRËSIT:
- Lëkura e grirë e 2 portokalleve
- ⅔ filxhan sheqer të grimcuar
- Një tas përzierjeje
- 6 te verdha veze
- Një tas ose tenxhere prej çeliku inox
- ¼ filxhan rum të errët ose lëng portokalli
- Një kamxhik teli
- Një mikser elektrik

UDHËZIME:
a) Ngroheni furrën në 375 gradë.
b) Grini lëkurën e portokallit dhe sheqerin së bashku në një tas me një lugë druri, për të nxjerrë sa më shumë vaj portokalli. Vendosni të verdhat e vezëve në një tas ose tenxhere.
c) Rrahim gradualisht sheqerin portokalli dhe vazhdojmë rrahjen derisa të verdhat e vezëve të zverdhen dhe të trashen.
d) Rrihni rumin ose lëngun e portokallit, më pas vendoseni mbi ujë të zier mezi dhe rrihni me kamxhik teli (2 goditje në sekondë) derisa masa të kthehet në një krem të ngrohtë dhe të trashë. Kjo do të zgjasë 3 ose 4 minuta dhe përzierja do të jetë mjaft e trashë për të formuar një shirit që tretet ngadalë kur një grimcë të bjerë nga rrahësi dhe të bjerë përsëri në sipërfaqe.
e) Hiqeni nga zjarri dhe rrihni në një mikser elektrik për 4 deri në 5 minuta derisa të ftohet dhe të trashet.

90. Charlotte Malakoff Au Chocolat

PËRBËRËSIT:
Biskota À LA CUILLER (Për 24 deri në 30 gishta)
- 2 fletë të mëdha pjekjeje (18 me 24 inç)
- 1 Tb gjalpë i zbutur
- Miell
- Një qese pastiçerie me hapje tubi të rrumbullakët $\frac{3}{8}$ inç në diametër, ose një lugë e madhe kuzhine
- $1\frac{1}{2}$ filxhan sheqer pluhur në një sitë
- Një tas përzierjeje prej 3 literësh
- $\frac{1}{2}$ filxhan sheqer të grimcuar
- 3 te verdha veze
- 1 lugë ekstrakt vanilje
- 3 te bardha veze
- Një majë kripë
- $\frac{1}{8}$ lugë e vogël krem tartar
- 1 Tb sheqer i grimcuar
- $\frac{2}{3}$ filxhan miell ëmbëlsirash të zbardhura të thjeshtë

RRESHTIMI I KALUZIT E ËMBËLLESIRËS ME LADYFINGERS
- Një kallëp cilindrik prej 2 litrash, 4 inç i lartë, nëse është e mundur, dhe 7 inç në diametër
- Letër e dylluar
- $\frac{1}{3}$ filxhan liker portokalli
- $\frac{2}{3}$ filxhan ujë
- 24 gishta, 4 inç të gjatë dhe rreth 2 inç të gjerë

KREMI I BAJAMEVE
- Një tas përzierjeje prej 4 kutresh
- $\frac{1}{2}$ paund. gjalpë i zbutur pa kripë
- 1 filxhan sheqer të grimcuar shumë të imët
- $\frac{1}{4}$ filxhan liker portokalli
- $\frac{2}{3}$ filxhan copa çokollate gjysmë të ëmbël të shkrirë me $\frac{1}{4}$ filxhan kafe të fortë

- ¼ luge ekstrakt bajame
- 1⅓ filxhan bajame pluhur (bajame të zbardhura të bluara në blender ose të futura në një mulli mishi me pak sheqer të menjëhershëm)
- 2 gota krem të rëndë, të ftohur
- Një tas i ftohtë dhe rrahës

UDHËZIME:

Ngroheni furrën në 300 gradë.

Përgatisni fletët e pjekjes duke i fërkuar lehtë me gjalpë, duke e pluhurosur me miell dhe duke hequr miellin e tepërt. Mblidhni qese pastiçerie, nëse jeni duke përdorur një të tillë; përgatitni sheqerin pluhur dhe matni pjesën tjetër të përbërësve të listuar.

Në enën e përzierjes, rrahim gradualisht sheqerin në të verdhat e vezëve, shtoni vaniljen dhe vazhdoni ta rrihni për disa minuta derisa masa të bëhet e trashë, e verdhë e zbehtë dhe të formojë shiritin. Në një enë të veçantë rrahim të bardhat e vezëve derisa të marrin shkumë, rrahim kripën dhe ajkën e tartarit dhe vazhdojmë rrahjen derisa të formohen maja të buta. Spërkateni në një lugë sheqer të grirë dhe rrihni derisa të formohen maja të forta.

Hidhni një të katërtën e të bardhëve të vezëve mbi të verdhat e vezëve dhe sheqerin, hidhni një të katërtën e miellit dhe palosni me delikatesë derisa të përzihet pjesërisht. Pastaj shtoni një të tretën e të bardhës së mbetur të vezëve; shoshitni një të tretën e miellit të mbetur, paloseni derisa të përzihet sërish pjesërisht. Përsëriteni me gjysmën, dhe më pas me të fundit të secilës. Mos u përpiqni të përzieni plotësisht; brumi duhet të mbetet i lehtë dhe i fryrë.

Ose me qesen e ëmbëlsirave, ose me një lugë të madhe kuzhine, bëni vija të njëtrajtshme brumë 4 inç të gjata, 1½ inç të gjera, të vendosura 1 inç larg nga njëra-tjetra në fletët e ëmbëlsirave. Spërkateni me një shtresë 1/16 inç sheqer pluhur. Piqeni menjëherë në nivelin e mesëm dhe të tretë të sipërm të furrës për rreth 20 minuta. Ladyfingers bëhen kur një ngjyrë kafe shumë e zbehtë nën shtresën e sheqerit. Jashtë duhet të jenë pak të kore, të buta por të thata brenda. Hiqeni nga fletët e pjekjes me një shpatull; Ftoheni në raftet e ëmbëlsirave.

Rreshtoni pjesën e poshtme të kallëpit të thatë me një raund letre të dylli. Derdhni likerin dhe ujin në një pjatë supe. Zhytini një nga një gishtat e zonjës në lëng për një sekondë dhe më pas kullojini në një raft për ëmbëlsira. Vendosni brenda kallëpit një varg gishtash zonjash të drejta, të shtypura ngushtë, anët e tyre të lakuara kundër kallëpit. Rezervoni gishtat e mbetur të zhytur.

Kremi gjalpin dhe sheqerin së bashku për disa minuta, derisa të zbehet dhe të bëhet me gëzof. Rrihni likerin e portokallit, çokollatën e shkrirë dhe ekstraktin e bajames; Vazhdoni të rrihni për disa minuta derisa sheqeri të mos jetë më kokrra në strukturë. Rrihni bajamet. Rrihni kremin e ftohur në një tas të ftohtë me një rrahës të ftohur vetëm derisa rrahësi të lërë gjurmë të lehta në krem - mos e rrihni më shumë se kaq ose kremi mund të mos ftohet mirë. Palosni kremin në përzierjen çokollatë-bajame. Një të tretën e masës e kthejmë në kallepin e shtruar, mbi të vendosim një shtresë zonjash dhe vazhdojmë me shtresa kremi me çokollatë-bajame dhe ladyfingers, duke përfunduar me ladyfingers nëse ka mbetur. Prisni gishtat e zonjës që dalin sipër skajit të mykut dhe shtypni copat në majë të kremit. Mbuloni kallëpin me letër të dylli, vendosni një disk mbi letër dhe vendosni një peshë mbi të (për shembull, 2 filxhanë gotë me ujë). Lëreni në frigorifer për 6 orë ose gjatë natës; gjalpi duhet të jetë i ftohur i fortë, kështu që ëmbëlsira nuk do të shembet kur të mos derdhet. (Ëmbëlsira do të ruhet për disa ditë në frigorifer, ose mund të jetë e ngrirë.)

ÇMODOHJA DHE SHËRBIMI

Për ta servirur, hiqni letrën e depiluar nga sipër, kaloni një thikë rreth skajit të brendshëm të mykut, duke e shtyrë butësisht për të hequr ëmbëlsirën. Ktheni një pjatë të ftohtë për servirje përmbys mbi myk dhe kthejeni të dyja, duke i dhënë një hov të mprehtë poshtë në mënyrë që ëmbëlsira të bjerë në pjatë. Dekoroni pjesën e sipërme të sharlotës me çokollatë të grirë. Vendoseni në frigorifer nëse nuk shërbehet menjëherë.

91. Poires Au Gratin / Dardha të pjekura me verë

PËRBËRËSIT:

Një enë pjekjeje 2 inç e lartë dhe 8 inç në diametër
1 Tb gjalpë i zbutur
3 deri në 4 dardha të forta, të pjekura
⅓ filxhan reçel me kajsi
¼ filxhan vermut të bardhë të thatë
2 deri në 3 makarona bajate
2 Tb gjalpë i prerë në pika

UDHËZIME:

Lyejeni enën e pjekjes me gjalpë. Qëroni dardhat, i pastroni në katër dhe bërthama; priteni në feta për së gjati rreth ⅜ inç të trasha dhe vendosini në enë. Vendoseni reçelin e kajsisë përmes një sitë në një tas; përzihet me vermutin dhe hidhet sipër dardhat. Thërrmoni makaronat në të gjithë, dhe sipër me pikat e gjalpit. Vendoseni në një nivel të mesëm të furrës së parangrohur dhe piqini për 20 deri në 25 minuta, derisa pjesa e sipërme të jetë skuqur lehtë. Shërbejeni të nxehtë, të ngrohtë ose të ftohtë dhe shoqëroni, nëse dëshironi, me një enë me krem të trashë.

92. Timbale Aux Épinards / Molded Spinach Custard

PËRBËRËSIT:
- ½ filxhan qepë të grira
- 2 Tb gjalpë
- Një tenxhere e mbuluar me çelik inox ose emaluar (spinaqi do të marrë shijen metalike nëse gatuhet në tigane të thjeshta metalike)
- 2½ deri në 3 paund. spinaq i freskët i prerë dhe i zbardhur për 3 minuta në ujë të valë; ose 2 pako (10 ons secila) spinaq me gjethe të ngrira të shkrirë në ujë të ftohtë
- Një thikë prej inoksi për copëtimin e spinaqit
- ¼ lugë kripë
- Pini secilin piper dhe arrëmyshk

SHTO INS
- 1 filxhan qumësht
- 5 vezë
- 2 Tb gjalpë
- Një tas përzierjeje
- ⅔ filxhan thërrime buke të bardha të ndenjura
- ½ filxhan djathë zviceran i grirë
- Kripë dhe piper
- Një kallëp unazë ose pjatë sufle me 6 filxhanë, ose 4 ramekin me kapacitet 1½ filxhan

UDHËZIME:
a) Gatuani qepët ngadalë në gjalpë. Ndërkohë, shtrydhni spinaqin, një grusht të vogël, për të hequr sa më shumë ujë. Pritini në një pure të imët. Kur qepët të jenë zbutur, përzieni spinaqin dhe kripën, piperin dhe arrëmyshkun.

b) Mbulojeni tiganin dhe gatuajeni shumë ngadalë, duke e përzier herë pas here për të parandaluar ngjitjen, derisa spinaqi të jetë i butë (rreth 5 minuta).

c) Kur të jetë gati spinaqi, përzieni gjalpin shtesë dhe qumështin. Rrihni vezët në një tas, më pas rrihni gradualisht përzierjen e ngrohtë të spinaqit. Përzieni thërrimet e bukës dhe djathin dhe korrigjoni erëzat. Hidheni në kallëpin e përgatitur.

PJEKJA DHE SHËRBIMI

d) Një tigan që përmban rreth $1\frac{1}{2}$ inç ujë të vluar
e) Opsionale: salcë kremi, salcë djathi i lehtë ose hollandaise (shih këtë faqe)
f) Ngroheni furrën në 325 gradë.
g) Vendoseni mykun në një tigan me ujë të vluar (uji duhet të vijë $\frac{1}{2}$ në $\frac{2}{3}$, sa lart kallëpi), dhe vendoseni në një të tretën e poshtme të furrës. Piqni për 30 deri në 40 minuta, në varësi të formës së mykut, derisa një thikë, e zhytur në qendër të kremës, të dalë e pastër. Lëreni të qetësohet për 5 minuta para se ta zbërtheni, ose mbajeni të ngrohtë në një tigan me ujë në një furrë 150 gradë.
h) Për të zbërthyer, kaloni një thikë rreth skajit të kremës; kthejeni me kokë poshtë një pjatë servirjeje të nxehtë mbi kallëp, kthejeni të dyja dhe kremi do të bjerë mbi pjatë.
i) Qëroni letrën e depiluar nga sipër. Asnjë salcë nuk nevojitet nëse timbali do të zërë vendin e një perimeje; nëse do të jetë pjatë e parë ose kryesore, mbi të hidhni një salcë kremi, salcë djathi të lehtë ose holandez.

93. Timbale Au Jambon / Krem me proshutë të derdhur

PËRBËRËSIT:

1½ filxhan petë të ziera
¾ filxhan kërpudha, të skuqura më parë në gjalpë
⅔ filxhan proshutë të zier
½ filxhan qepë, të skuqura më parë në gjalpë
Kripë dhe piper
1 filxhan salcë kremi të trashë
½ filxhan djathë zviceran i grirë
3 te verdha veze
1 TB pastë domate
¼ filxhan majdanoz i grirë
3 të bardha veze të rrahura fort
Një kallëp unazë me 6 filxhanë, një pjatë sufle ose një tepsi për bukë, ose 4 ramekin me kapacitet 1½ filxhan

UDHËZIME:

Ngroheni furrën në 325 gradë.

Vendosni petët, kërpudhat, proshutën dhe qepët përmes tehut mesatar të një mulli ushqimi ose grirëse ushqimore. Rrihni përzierjen në një tas me erëzat, salcën krem, djathin, të verdhat e vezëve, pastën e domates dhe majdanozin. Palosni të bardhat e vezëve të rrahura dhe kthejeni në kallëpe ose ramekin të përgatitur. Vendoseni në një tigan me ujë të vluar dhe piqni për rreth 30 minuta, në varësi të formës së mykut (kallëpi unazor do të piqet më shpejt se një pjatë sufle). Timbale bëhet kur përzierja të jetë rritur rreth ½ inç dhe të skuqet mirë sipër. Do të zhytet pak ndërsa ftohet, por mund të mbahet i ngrohtë për gjysmë ore të mirë përpara se ta servirni. Zhbllokoni në një pjatë të nxehtë për servirje.

Salcë DHE GARNITURE

Nëse keni përdorur një kallëp unaze, mund ta mbushni timbalin me perime jeshile të gatuara; përndryshe mund ta rrethoni me perime. Salcë domatesh, salcë kremi e përzier me barishte ose një lugë pastë domate, ose një salcë djathi e lehtë, e shtruar me lugë mbi timbalin do të shkonte mirë.

94. Biskotë ose çokollatë / sfungjer me çokollatë

PËRBËRËSIT:
- 1 Tb gjalpë i zbutur
- Miell
- Një tavë e rrumbullakët një copë ëmbëlsirash me diametër 8 inç dhe 1½ inç të thellë
- ⅔ deri në 1 filxhan (4 deri në 6 ons) copa çokollate gjysmë të ëmbël (sasi më e vogël jep një tortë më të lehtë)
- 1 grumbull kafeje të menjëhershme Tb e tretur në 2 Tb ujë të vluar

BRUGI I TORTIT
- 3 vezë (të klasifikuara në SHBA "të mëdha")
- Një tas i madh përzierës
- ½ filxhan sheqer të grimcuar
- ⅔ filxhan miell për kek (shihet direkt në filxhanë, nivelohet me thikë dhe kthehet mielli në sitë)
- 3½ lugë gjalpë i zbutur pa kripë

UDHËZIME:
a) Ngroheni furrën në 350 gradë.
b) Lyejeni pak gjalpë brenda tepsisë, mbështillni miellin brenda për të mbuluar plotësisht sipërfaqen dhe hiqni miellin e tepërt. Shkrini çokollatën me kafenë dhe më pas lëreni të ftohet deri në vakët.
c) Për të bardhat e vezëve: majë kripë, ⅛ lugë krem tartar dhe 1 lugë sheqer të grimcuar
d) Një mikser elektrik me tasa të mëdhenj dhe të vegjël dhe, nëse është e mundur, tehe shtesë (ose 2 tasa dhe 2 kamxhik të mëdhenj); shpatulla gome
e) Ndani vezët, duke vendosur të verdhat në tasin e madh dhe të bardhat në një enë tjetër (ose tasin e vogël me

mikser). Matni miellin e kekut dhe grijeni gjalpin që të zbutet.

f) Ose me mikserin tuaj ose me një kamxhik të madh, rrahni gradualisht sheqerin në të verdhat e vezëve dhe vazhdoni ta rrihni për disa minuta derisa masa të jetë e trashë dhe në ngjyrë limoni. Nëse jeni duke përdorur një mikser, rrihni çokollatën e shkrirë të vakët dhe më pas gjalpin; përndryshe, rrihni gradualisht gjalpin në çokollatë derisa të bëhet një masë homogjene, pastaj rrihni të verdhat dhe sheqerin.

g) Me rrahës të pastër të thatë ose me një kamxhik të madh teli, rrihni të bardhat e vezëve derisa të bëhen shkumë, më pas rrihni kripën dhe ajkën e tartarit. Vazhdoni rrahjen derisa të formohen maja të buta; spërkatni me sheqer dhe rrihni derisa të formohen maja të forta.

h) Duke përdorur një shpatull gome, përzieni $\frac{1}{4}$ e të bardhëve të vezëve në përzierjen e çokollatës dhe të verdhës së vezës; kur të jenë përzier pjesërisht, sitini mbi $\frac{1}{4}$ miellin e kekut. Paloseni shpejt dhe me delikatesë me një shpatull gome; kur të përzihen pjesërisht, filloni të palosni 1/3 të bardhat e mbetura të vezëve. Kur kjo të jetë përzier pjesërisht, sitini mbi 1/3 miellin e mbetur dhe vazhdoni kështu, duke alternuar me miellin dhe të bardhat e vezëve, duke e palosur me shpejtësi derisa të përfshihet i gjithë.

PJEKJE

i) Kthejeni në tepsi të përgatitur për kek; anojini tiganin për të rrjedhur brumin lart rreth e qark. Vendoseni menjëherë në nivelin e mesëm të furrës së parangrohur dhe piqni për rreth 30 minuta.

j) Torta do të ngrihet pak mbi skajin e tavës dhe sipër do të plasaritet. Bëhet kur një gjilpërë ose pirun, e zhytur në qendër të tortës, del e pastër; Një vijë shumë e zbehtë tkurrjeje do të shfaqet gjithashtu midis skajit të tortës dhe tepsisë. Hiqeni nga furra dhe lëreni të ftohet për 5 minuta, më pas zbërthejeni në një raft për ëmbëlsira.
k) Nëse torta nuk ngrihet kur është e ftohtë, mbështilleni hermetikisht dhe vendoseni në frigorifer ose ngrini.

95. Crème au Beurre à l'Anglaise / Krem me gjalpë kremi

PËRBËRËSIT:
- Një tas përzierës prej 2 ½ litërsh
- 4 te verdha veze
- ⅔ filxhan sheqer të grimcuar
- ½ filxhan qumësht të nxehtë
- ½ paund. gjalpë i zbutur pa kripë
- Zgjedhje aromatizuese: 3 Tb rum, kirsch, liker portokalli ose kafe e fortë; ose 1 Tb ekstrakt vanilje; ose ⅓ filxhan (2 ons) copa çokollate gjysmë të ëmbël, të shkrirë

GLAZE COKOLATE
- 1 filxhan (6 ons) copa çokollate gjysmë të ëmbël
- ¼ filxhan kafe

UDHËZIME:
a) Vendosni të verdhat e vezëve në enën e përzierjes; rrahim gradualisht sheqerin dhe vazhdojmë rrahjen derisa masa të jetë e trashë dhe në ngjyrë limoni. Më pas rrihni gradualisht qumështin.

b) Kthejeni në një tenxhere të pastër dhe përzieni me një lugë druri në zjarr mesatarisht të ulët derisa masa të trashet ngadalë sa të lyhet luga me një krem të lehtë. (Kini kujdes që të mos nxehet shumë ose të verdhat e vezëve të gërvishten, por përzierja duhet të trashet.)

c) Vendoseni tiganin në ujë të ftohtë dhe përziejeni derisa të vaket; shpëlajeni enën e përzierjes dhe kullojeni kremin përsëri në të. Më pas, duke përdorur një kamxhik teli ose një mikser elektrik, rrihni gradualisht gjalpin e zbutur me lugë gjelle. Rrihni në aromatizues.

d) Nëse kremi duket me kokrra, rrahim me më shumë gjalpë me lugë. Ftoheni ose përzieni mbi akull të grimcuar, nëse është e nevojshme; kremi duhet të jetë i lëmuar, i trashë dhe homogjen. (Kemi gjalpë i mbetur mund të jetë i ngrirë.)

MBUSHJA DHE GRUMËSIMI I tortës

e) Kur torta të jetë plotësisht e ftohtë, lëreni thërrimet nga sipërfaqja. Lëreni tortën me kokë poshtë, pasi dëshironi që anët të anojnë pak nga brenda. Prisni një pykë të vogël vertikale në buzë të tortës; kjo do t'ju udhëzojë në riformimin e tij. Më pas e presim tortën në gjysmë horizontalisht. Përhapni një shtresë ¼ inç krem gjalpi në gjysmën e poshtme (më parë në pjesën e sipërme); zëvendësoni gjysmën e dytë, duke rreshtuar dy gjysmat me pykë. Përhapni kremin sipër dhe anët e tortës, duke e lëmuar me një shpatull të zhytur në ujë të nxehtë dhe duke i mbajtur anët pak të pjerrëta nga brenda. Ftoheni derisa ngrirja të jetë e fortë.

GLAZE COKOLATE

f) Shkrini copat e çokollatës me kafen dhe lëreni të ftohet deri në vakët.

g) Vendoseni tortën e ftohur në një raft mbi një tepsi dhe derdhni të gjithë çokollatën sipër, duke e lënë të bjerë poshtë anëve, e cila, nëse lëmohet mirë dhe është pak e pjerrët, duhet të marrë në mënyrë të përsosur shtresën e çokollatës.

h) Kur glazura të jetë vendosur, e transferojmë tortën në një pjatë për servirje. (Ëmbëlsira duhet të mbahet në frigorifer.)

96. Tarte Aux Pommes / Tarte me mollë franceze

PËRBËRËSIT:

- Një guaskë pastiçerie 8 inç e pjekur pjesërisht e vendosur në një fletë pjekjeje të lyer me gjalpë
- 3 deri në 4 gota salcë molle të trashë, pa shije
- $\frac{1}{2}$ deri në $\frac{2}{3}$ filxhan sheqer të grimcuar
- 3 Tb raki molle, konjak ose rum, ose 1 Tb ekstrakt vanilje
- Lëkura e grirë e 1 limoni
- 2 Tb gjalpë
- 2 deri në 3 mollë, të qëruara dhe të prera në feta $\frac{1}{8}$ inç për së gjati
- $\frac{1}{2}$ filxhan reçel kajsie, i kulluar dhe i zier ne 228 grade me 2 luge sheqer

UDHËZIME:

Ngroheni furrën në 375 gradë.

Përzieni $\frac{1}{2}$ deri në $\frac{2}{3}$ filxhan sheqer në salcën e mollës, shtoni likerin ose vaniljen dhe lëkurën e limonit. Ziejeni, duke e përzier shpesh, derisa salca të jetë aq e trashë sa të mbahet në një masë në lugë. Hidhni gjalpin dhe kthejeni salcën e mollës në një lëvozhgë pastiçerie, duke e mbushur pothuajse deri në buzë. Rregulloni fetat e mollës së papërpunuar që mbivendosen ngushtë në rrathë koncentrikë. E pjekim per 30 minuta ne furre te parangrohur. Zhbllokoni tortën në një pjatë për servirje; lyej sipër dhe anët me reçel të ngrohtë kajsie. Shërbejeni të nxehtë, të ngrohtë ose të ftohtë të shoqëruar sipas dëshirës me krem pana.

97. Biskota Roulé a l'Orange Et Aux Amandes

PËRBËRËSIT:
PARAPRAKEVE
- 3 Tb gjalpë
- Një tepsi pelte ose keku, 11 inç në diametër, 17 inç i gjatë dhe 1 inç i thellë
- Miell
- ⅔ filxhan sheqer të grimcuar
- 3 vezë
- Lëkura e 1 portokalli (e grihet në enën e përzierjes që përmban të verdhat)
- ⅓ filxhan lëng portokalli të kulluar
- ¾ filxhan bajame të zbardhura të pluhurosura (i grini në një blender elektrik, ose vendosini në një mulli mishi me një pjesë të ⅔ filxhan sheqer të grimcuar)
- ¼ lugë ekstrakt bajame
- ¾ filxhani miell ëmbëlsirash të thjeshta të zbardhura të situr (vendosni gota me masë të thatë në letër të dylluar, shosheni miellin direkt në gota dhe fshijeni tejmbushjen me një thikë me prerje të drejtë)
- Një ¼ lugë e vogël krem tartari
- Një majë kripë
- 1 Tb sheqer i grimcuar
- 1½ lugë gjalpë të vakët të shkrirë
- Sheqer pluhur në një sitë

UDHËZIME:
Ngrohim furrën në 375 gradë dhe vendosim raftin në nivelin e mesëm. Shkrini gjalpin dhe lëreni të ftohet deri në vakët: një pjesë është për tavën, një pjesë për kekun. Lyejeni brendësinë e tavës së kekut me gjalpë të shkrirë dhe lyeni me një copë letre të dyllosur 12 me 21 inç, duke i lënë skajet të shtrihen përtej skajeve të tepsisë. Lyejeni letrën me

gjalpë, hidhni miell sipër saj, duke mbuluar të gjithë sipërfaqen e brendshme dhe hiqni miellin e tepërt.

PËRZIERJA E LIRËS për tortën

Duke përdorur një kamxhik të madh teli, rrihni gradualisht sheqerin në të verdhat e vezëve dhe lëkurën e portokallit; rrihni fort për një ose dy minuta derisa masa të bëhet e trashë dhe e verdhë e zbehtë. Rrihni lëngun e portokallit, pastaj bajamet, ekstraktin e bajameve dhe miellin.

Rrihni të bardhat e vezëve për një moment me shpejtësi mesatare; kur te fillojne te shkumojne shtojme ajken e tartarit dhe kripen. Rrihni me shpejtësi maksimale derisa të bardhat e vezëve të formojnë maja të buta, spërkatni me sheqer dhe rrihni edhe disa sekonda derisa të bardhat e vezëve të formojnë maja të forta kur ngrihen me lugë ose shpatull.

Hidhni të bardhat e vezëve mbi përzierjen e të verdhëve. Palosni shpejt dhe me delikatesë së bashku, duke përdorur një shpatull gome; kur pothuajse të përzihet, shtoni shpejt gjalpin e vakët ½ Tb në të njëjtën kohë.

Menjëherë kthejeni brumin në tiganin tuaj të përgatitur, duke e lëmuar në të gjithë sipërfaqen. Përzieni tavën për pak kohë në tavolinë, deri në masën e njëjtë dhe vendoseni në nivelin e mesëm të furrës së parangrohur.

PJEKJE

Piqeni për rreth 10 minuta. Torta bëhet kur mezi fillon të ngjyroset, kur sipër është pak elastik ose sfungjer nëse shtypet me gishta dhe kur vija më e dobët e ndarjes shfaqet midis kekut dhe anëve të tavës. Mos e teproni, përndryshe torta do të thyhet kur të rrotullohet; duhet të jetë i butë dhe sfungjer.

FTOHJE DHE ÇMODIM

Hiqeni nga furra dhe spërkatni sipër tortës me një shtresë 1/16 inç sheqer pluhur. Mbulojeni me një fletë letre të depiluar. Shpëlajeni një peshqir në ujë të ftohtë, shtrydhni dhe vendoseni mbi letrën e depiluar. Kthejeni kekun përmbys dhe lëreni të ftohet për 20 minuta.

Për të zbërthyer, lironi rreshtimin e letrës në njërën skaj të tiganit. Duke e mbajtur letrën të sheshtë mbi tavolinë, hiqeni gradualisht tiganin, duke filluar nga fundi i letrës së lirë. Hiqni me kujdes letrën nga anët e gjata të tortës, më pas qëroni nga sipër. Pritini skajet kafe rreth e rrotull tortës; ato do të çahen kur të rrotullohen. Torta tani është gati për mbushje, e cila duhet të bëhet menjëherë.

98. Farce Aux Fraises Cio-Cio-San

PËRBËRËSIT:

- 4 gota luleshtrydhe të freskëta të prera në feta dhe rreth ½ filxhan sheqer; ose 3 pako prej dhjetë ons luleshtrydhe të ngrira të prera në feta, të shkrira dhe të kulluara
- 2 TB vermut i bardhë i thatë
- 2 Tb konjak, liker portokalli ose kirsch
- 2 pako (2 Tb) xhelatinë pluhur pa aromë
- ⅔ filxhan bajame të prera në feta
- ½ filxhan kumquats të ruajtura në shurup, me fara dhe të prera në kubikë
- Sugjerime dekorative: sheqer pluhur, bajame të prera në feta dhe kumquats, ose sheqer pluhur dhe luleshtrydhe të plota

UDHËZIME:

Nëse përdorni luleshtrydhe të freskëta, hidhini në një enë me sheqer dhe lërini të qëndrojnë për 20 minuta. Vendosni verën dhe likerin në një tenxhere të vogël, shtoni ¼ filxhan lëng luleshtrydhe dhe spërkatni mbi xhelatinë. Lëreni të zbutet për disa minuta, më pas përzieni në zjarr që të shpërndahet plotësisht xhelatina. Palosni luleshtrydhet, së bashku me bajamet dhe kumkuat të prera në kubikë. Ftoheni ose përzieni mbi akull derisa të trashet, më pas shpërndajeni mbi tortë.

Rrotulloni tortën nga fundi i shkurtër ose i gjatë, varësisht nëse preferoni një role të gjatë apo të trashë; përdorni shtresën e poshtme të letrës së dylluar për t'ju ndihmuar kur e ktheni tortën mbi vete.

Transferoni tortën në një pjatë ose pjatë servirjeje; mbulojeni me letër të depiluar dhe vendoseni në frigorifer nëse nuk e servirni shpejt. Pak përpara se ta servirni, spërkateni me sheqer pluhur (letër e dylluar e rrëshqitur poshtë anëve dhe skajeve do ta mbajë të rregullt tavolinën e servirjes) dhe dekorojeni me bajame dhe kumkuat, ose luleshtrydhe. Shoqërojeni sipas dëshirës me më shumë luleshtrydhe dhe krem pana të ëmbël.

99. Meringë italiane

PËRBËRËSIT:
- 3 te bardha veze
- Një rrahëse elektrike
- Një majë kripë
- Një ¼ lugë e vogël krem tartari
- 1⅓ filxhan sheqer të grimcuar
- ⅓ filxhan ujë
- Një tenxhere e vogël e rëndë

UDHËZIME:
a) Për këtë, të bardhat e vezëve duhet të rrihen dhe shurupi i sheqerit të gatuhet afërsisht në të njëjtën kohë; punoni së bashku nëse mundeni. Do t'ju duhet një rrahëse elektrike për të bardhat e vezëve; nëse keni një mikser me dy tas, rrahni të bardhat në tasin e vogël dhe kalojini në tasin e madh kur shtoni shurupin e sheqerit.

b) Rrahim të bardhat e vezëve me shpejtësi mesatare për një moment derisa të fillojnë të shkumojnë; shtoni kripën dhe ajkën e tartarit dhe rrihni me shpejtësi të madhe derisa të bardhat e vezëve të formojnë maja të forta kur ngrihen në një lugë ose shpatull.

c) Hidhni sheqerin dhe ujin në një tenxhere dhe vendoseni në zjarr të fortë. Rrotulloni tiganin - mos e përzieni - butësisht derisa sheqeri të jetë tretur plotësisht dhe lëngu të jetë krejtësisht i pastër. Mbulojeni tiganin dhe zieni shpejt, pa e përzier, për një ose dy momente: avulli i kondensimit bie nga kapaku, duke larë anët e tiganit dhe duke parandaluar formimin e kristaleve. Zbulojeni tiganin kur flluskat fillojnë të trashen dhe ziejnë me shpejtësi deri në fazën e topit të butë, 238 gradë.

d) Rrahni të bardhat e vezëve me shpejtësi mesatarisht të ngadaltë, hidhni shurupin e sheqerit në një rrjedhë të hollë. Vazhdoni të rrihni me shpejtësi të lartë për të paktën 5 minuta, derisa masa të ftohet. Do të jetë e lëmuar si saten dhe do të formojë maja të ngurtë kur ngrihet me një lugë ose shpatull.

100. au Beurre à la Meringue / Krem me gjalpë Meringe

PËRBËRËSIT:

- 2 filxhanë (12 ons) copa çokollatë gjysmë të ëmbël të shkrirë me 3 Tb kafe të fortë ose rum
- 1 Tb ekstrakt vanilje
- ½ paund. (2 shkopinj) gjalpë të zbutur pa kripë

UDHËZIME:

a) Rrihni çokollatën e shkrirë dhe vaniljen në masën e ftohtë të marengës. Rrihni gradualisht në gjalpë. Ftoheni kremin e gjalpit derisa të ketë konsistencë të lehtë për t'u përhapur. (Krem gjalpi i mbetur mund të jetë i ngrirë.)

PLOTËSIMI DHE BRISHTJA E TREGUT

b) Përhapeni gjysmën e mbushjes në fletën e pandispanjës dhe rrotullojeni duke filluar nga një nga skajet e shkurtra. (Mbulojeni dhe ftohni nëse nuk jeni ende gati ta ngrini atë.)

c) Kur të jeni gati për ngrirje, prisni dy skajet në paragjykim, për të dhënë pamjen e një trungu të sharruar. Për degët, hapni vrima rreth ½ inç thellë në sipërfaqen e tortës; futni gjatësi 2 inç nga skajet e prera. (Mos i bëni degët shumë të gjata, përndryshe ato nuk do të mbajnë brymën.) Transferoni tortën në një pjatë servirjeje ose një pjatë drejtkëndëshe. Fusni shirita letre të depiluar poshtë anëve dhe skajeve të tortës për të mbajtur ngrirjen jashtë tabelës suaj të servirjes; hiqeni pas ngrirjes. Më pas, duke përdorur ose një shpatull të vogël ose një qese pastiçerie me një tub fjongo, mbuloni pjesën e sipërme dhe anët e tortës, duke i lënë të dy skajet pa ngrirje. Përzieni kremin me një pirun ose shpatull për të dhënë një efekt si lëvorja. Vendoseni në frigorifer për të vendosur ngrirjen.

KËRPUDHA MERENGË

d) Ngroheni furrën në 200 gradë.
e) Lyejeni pak me gjalpë një fletë të vogël pjekjeje, hidhni miell mbi sipërfaqe dhe hiqni tepricën. Forcojeni përzierjen e rezervuar të marengës përmes një tubi pastiçerie me një hapje tubi 3/16 inç ose hidheni fundin e një luge çaji në fletën e pjekjes, duke bërë kupola ½ inç për kapakët e kërpudhave dhe kone me majë për kërcellin. Duhet të keni 10 ose 12 nga secili. Piqni për 40 deri në 60 minuta, derisa të dëgjoni bezetë të kërcasin butësisht. Bëhen kur thahen dhe kur dalin lehtësisht nga fleta e pjekjes. Për ta mbledhur, shponi një vrimë në fund të çdo kapaku, mbusheni me krem gjalpi dhe futeni kërcellin.

MUSHK SHEQER TE PEUR

f) Vendosni një dorezë fshese të lyer me vaj midis dy karrigeve dhe shpërndani shumë gazeta në dysheme. Zieni ½ filxhan sheqer dhe 3 lugë ujë, duke ndjekur udhëzimet për marengën italiane, derisa sheqeri të marrë një ngjyrë të lehtë karamel. Lëreni shurupin të ftohet për disa sekonda derisa të trashet pak, më pas zhytni një pirun në shurup dhe tundeni pirunin mbi dorezën e fshesës; shurupi do të krijojë fije mbi dorezë.

DEKORATIMET FINAL

g) Shtypni grupe kërpudhash në trung kudo që mendoni se kërpudhat duhet të rriten dhe spërkatini me një pluhur të lehtë kakao të tundur përmes një sitë. Hidhni mbi trung pak sheqer pluhur, për të dhënë një efekt bore.
h) Nëse dëshironi, dekorojeni me ashe ose gjethe dhe mbështillni myshk me sheqer në vende strategjike. (Zbukurimet përfundimtare bëhen pak para se të

serviret, pasi trungu duhet të jetë në frigorifer deri në momentin e fundit.)

PËRFUNDIM

Si përfundim, pjekja franceze ofron një shkrirje të lezetshme të artit dhe aromës që mahnit shqisat dhe kënaq qiellzën. Nga baguette modest te mille-feuille e përpunuar, çdo pastë tregon një histori të traditave shekullore dhe një pasion për mjeshtëri. Duke zotëruar teknikat dhe duke përqafuar frymën e pjekjes franceze, ju mund të sillni një prekje elegance dhe kënaqësie në kuzhinën tuaj, duke krijuar momente të paharrueshme për veten dhe të dashurit tuaj. Pra, mblidhni përbërësit tuaj, ngrohni furrën tuaj paraprakisht dhe filloni një aventurë kulinare që feston joshjen e përjetshme të pastiçerisë franceze. Ju bëftë mirë!

www.ingramcontent.com/pod-product-compliance
Lightning Source LLC
Chambersburg PA
CBHW071303110526
44591CB00010B/756